7가지

핵심 키워드로 읽는

개혁신학

〈7가지 핵심 키워드로 읽는 개혁신학〉
발행   초판 1쇄 2019년 5월 23일
              2쇄 2019년 8월 11일
              3쇄 2020년 9월 14일
              4쇄 2020년 12월 1일
              5쇄 2022년 3월 28일

지은이 노승주
펴낸이 박준우
펴낸곳 리바이벌북스
디자인 리바이벌북스
판권 ⓒ리바이벌북스

주소 경기도 의정부시 승지로 4, 4층
전화 070-8861-7355
www.revival153.com
E-mail revivalbooks@naver.com

ISBN 979-11-955529-9-3
등록 제2015-000012호. (2015.03.27.)

Contents

* 앎과 삶 ●●●

"신학과 신앙은 구별되나 동일해야 합니다."

오늘날의 시대와 사회의 흐름을 둘러볼 때, 시대와 사회의 흐름은 반지성주의적인 모습을 보이고 있지 않나 싶습니다. 교육과 철학과 같은 지식에 대한 열망은 사그라들며 오히려 그것들에 대한 회의감이 커져가고 반감이 더욱 거세지고 있습니다. 이러한 시대의 변화는 기독교에도 영향을 미치며 기독교 내부에도 치밀하게 침투해 기독교 지성에 대한 반감 또한 일으키고 있습니다. 그로 인해 기독교 내부에서도 하나님을 아는 지식에 대한 열망과 교육보다는 자기주관적인 체험과 사교모임 같은 공동체 모임에 힘을 쏟고 있는 현실입니다.

'기독교'와 '지식', 우리는 이 둘 사이의 관계에 대하여
어떠한 자세를 지녀야 더욱 건강한 성도로 살아갈 수 있을까요?

오늘날, 많은 이들이 놓치고 있는 사실이 있습니다. 그것은 바로 오늘, 지금, 우리가 살아가는 삶의 원동력이 어디에서 나오는지에 대한 답입니다. 반지성적인 자세로 감성적이며 회의적인 삶에 연연한다면 결국 그의 삶은 황폐해질 뿐임을 잊어서는 안 됩니다. '삶'을 움직이는 원동력은 '앎'에서 나오는 것입니다. 바르게 살고 싶다면 바르게 아는 것이 먼저입니다. 바르게 알지 않고 바르게 살 수는 없는 법입니다.

이는 그리스도인에게도 마찬가지입니다. 성도가 하나님 앞에 바른 삶을 살고

싶다면 먼저는 하나님을 바르게 아는 것이 먼저입니다. 하나님을 바르게 알아야만 하나님이 기뻐하시는 삶을 살아갈 수 있기 때문입니다.

우리가 무엇을 알고 믿을까에 대한 답은 오직 '성경'이 말하는 바가 전부입니다. 성경을 벗어나 우리에게 바른 삶을 살 수 있도록 하는 것은 이 세상 어디에도 존재하지 않습니다. 우리는 성경에 무언가를 더하거나 빼서도 안 됩니다. 오직 성경입니다. 그러기에 우리는 성경을 성경답게 알아야 합니다.

이러한 작업을 위해 많은 신앙의 선조들이 순교하고 피 흘리며 얻어낸 결과가 있습니다. 우리가 믿는 성경의 진리를 정리하고 우리의 믿음에 대한 건전한 울타리를 세워 울타리에서 벗어나지 않는 삶을 살도록 하는 것, 이에 대한 답을 '개혁신학'[1]이 하고 있습니다. 우리가 바르게 알아야 할 하나님에 대한 지식에 대하여 '개혁신학'이 답합니다.

신학이라 함은 성경이 말하고 있는 진리를 체계화한 것입니다. 그리고 신앙이라 함은 그러한 신학을 바탕으로 드러내며 실천하는 삶을 의미합니다. 이 둘은 서로 멀어질 수 없는 관계에 놓여 있습니다. '앎'과 '삶', 이 둘 사이의 관계가 조금 보이십니까? 우리의 몸에 뜨거운 물을 부을 때, 우리의 몸은 뜨거움에 대한 반응을 합니다. 마찬가지로 우리가 하나님을 바르게 알게 되면, 바르게 아는 것에 대한 반응인 삶을 살게 됩니다. 우리가 하나님 앞에 바른 삶을 살길 원한다면 가장 먼저 우리가 힘쓸 일은 하나님을 바르게 아는 일입니다. 그러기에 신학과 신앙은 구별되나 동일해야 합니다.

이제 우린 7가지 개혁신학의 핵심 키워드를 나눌 겁니다. 다음 7가지 키워드는 바르게 신학을 알아가는 논리적인 순서에 의해 나열되었습니다. 우리가 바른 신앙을 가지기 위해선 모든 신학의 기반을 '성경'에 두어야 하며, 성경을 통해 우

---

1) 개혁신학은 종교개혁 이후 발생한 장로교 신학과 청교도 신학을 포괄적으로 일컫는 말입니다.

리는 '하나님'을 알아가고, 하나님을 아는 지식을 통해 '인간'에 대하여 알아가며, 인간을 아는 지식과 더불어 '예수'의 필요성을 깨닫게 되고, 예수를 통해 이루어지는 '구원'을 경험합니다. 그리고 그 구원을 경험한 하나님의 자녀들은 이 땅 가운데 '교회'에서 양육되어지며, 이미와 아직 사이에 살아가다 '종말'을 마주하게 됩니다. 우리는 이와 같은 순서로 개혁신학의 핵심 키워드를 배워나갈 것입니다.

많은 것을 깨닫진 못할지라도, 적어도 이 7가지의 핵심 키워드의 순서를 바르게 이해할 때, 기본적인 바른 신학의 틀을 갖게 될 것입니다. 바른 신학과 바른 신앙을 가지는 이 과정은 결코 쉽지 않습니다. 우리는 이 과정 가운데 하나님의 도우심을 구하며 겸손한 자세로 임해야 할 것입니다. 개혁신학을 바르게 세우는 과정이 우리에게 때론 어렵고 지칠 수도 있지만 우린 바르게 알아야 바르게 살아갈 수 있습니다. 하나님의 은혜로 이 땅 가운데 성도로 부름 받은 우리의 삶이 하나님 앞에 더욱 바로 세워지길, 그로 인하여 이 땅과 열방이 하나님 앞에 바른 한 걸음을 다시금 내딛길 간절히 소망합니다.

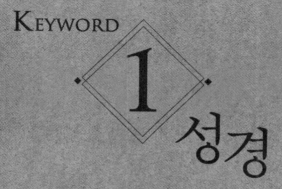

KEYWORD

1

성경

1) 계시의 종교 기독교

타종교와 기독교의 차이점이 있다면, 타종교는 '아래'로부터 '위'로의 종교라면 기독교는 '위'로부터 '아래'로의 종교라는 가장 큰 차이점이 있습니다. 기독교를 제외한 타종교들은 자신의 행함으로 신적인 어떠한 지경에 이르거나, 자신의 행함으로 사후세계에 대한 보장을 얻기 마련입니다. 타종교는 모두 인간이 신에게 스스로 향합니다.

그러나 기독교는 그 시작이 다릅니다. 기독교의 가장 큰 전제는 인간이 스스로 하나님께 이를 수 없다는 것에 있습니다. 죄로 인해 인간은 스스로 하나님을 떠났으며, 하나님께 이를 수 없고, 나아갈 수도 없는, 스스로 하나님을 선택할 수 없는 상태에 이르게 되었고 우리는 이것을 '인간의 전적타락' 또는 '인간의 전적 부패'라고 합니다.

기독교는 이러한 전제 조건 가운데, 하나님께서 인간에게 찾아오시는, 자신을 보이시는 위로부터 아래로의 종교입니다. 우리는 하나님이 우리에게 자신을 나타내시는 만큼만 하나님을 알 수 있습니다. 그 이상도, 이하도 아닙니다. 하나님께서 인간에게 자신과 관련된 진리를 전해주시고 하나님의 뜻에 대한 지식을 전달해주시는 것, 그것을 "계시"라고 합니다.[2] 기독교의 필수적인 요소는 믿음입니다. 그리고 우리가 무엇을 믿을까에 대한 답이 바로 계시입니다. 하나님의 존재와 진리와 우리의 존재를 드러내신 것, 스스로 깨달을 수 없는 우리에게 하나님을 알게 하신 것, 그것이 바로 **'계시'**입니다.

계시는 일반적으로 두 가지로 구분됩니다.
바로 '일반계시'와 '특별계시'입니다.

---

2) 루이스 벌코프, 벌코프 조직신학, 이상원, 권수경 역, CH북스, 2001, p.127.

일반계시란 모든 피조물들 그 자체에 의해서 전달되는 하나님의 하나님 되심을 의미합니다. 즉, 피조물과 역사와 인간을 통해 하나님을 알만한 지식을 주셨다는 뜻입니다. 그러기에 일반계시는 모든 사람이 접할 수 있고, 그로 인해 그 누구도 하나님을 모른다고 핑계할 수 없게 된 것입니다. 자연 모든 만물은 마치 하나님의 놀라운 책과 같습니다. 하나님께선 모든 만물 그 자체를 통해서 자신을 보이시고, 모든 만물을 보존하시고 통치하시는 손길을 통해, 즉, 섭리를 통해서 자신을 보이시며, 역사를 주권적으로 이루시는 것을 통해 자신을 보이시는 분이십니다. 우리는 이러한 하나님의 드러나심을 일반계시라고 말합니다. 이 놀라운 하나님을 알게끔 하는 책 한 권이 모든 인간에게 주어진 것입니다.

그러나 죄인 된 인간은 죄로 인해 눈이 가려져 하나님이 우리에게 주신 책의 철자를 읽을 수가 없는 처지가 되었습니다. 그로 인하여 우린 스스로 하나님을 결코 알 수 없고, 하나님을 모른다고 핑계할 수도 없게 된 것입니다. 만일 인간이 죄인이 아니라면 인간들은 피조물과 섭리와 역사에 나타나는 하나님의 기적과 역사를 보는 이성의 과정을 통해 하나님께 도달할 수 있을 것입니다. 그러나 죄로 인하여 인간들은 그럴 수 없습니다.[3]

"그렇다면 우리에게 희망은 없는 것일까요?"

이에 대한 답은 두 번째 유형의 계시, 특별계시를 통해 확인할 수 있습니다. 성경에 나타난 특별계시는 모두 한 가지 목적을 지닙니다. 그 목적은 바로 그 계시가 모두 구원으로 향하게 한다는 것입니다.

---

3) D. M. 로이드 존스, 성부 하나님 성자 하나님, 강철성 역, 기독교문서선교회, 2000, pp. 27-28.

특별계시의 수단은 크게 세 가지가 있습니다.[4]

(1) 신현, (2) 의사전달들, (3) 기적입니다.

하나님께선 구약시대에 직접 자신을 나타내기도 하셨고(신현), 직접 자신의 뜻을 전달하기도 하셨으며(의사전달들), 기적(이적)을 통해 자신을 나타내시기도 하셨습니다. 그리고 이러한 특별계시의 모든 수단들의 정점은 바로 예수 그리스도의 성육신에 있습니다. 예수 그리스도의 성육신은 직접적인 하나님의 신현이고, 의사전달이며, 기적입니다. 그러기에 예수 그리스도께서 이 땅에 오심은 특별계시의 정점, 마침표를 찍은 것이라고도 말할 수 있습니다.

구원에 이르는 계시로서의 특별계시는 '성경'으로 완성되었습니다. 그로 인하여 이제 이전의 특별계시의 형태들, 신현과 의사전달들과 기적들의 필요성은 사라지고 이전의 형태와 달리 오직 성경이라는 가장 효과적인 방법으로 하나님은 말씀을 통하여 자신을 계시하십니다.

만일 우리에게 말씀이 주어지지 않았다면 우린 예수 그리스도께서 이 땅에 오셨음에도 불구하고 굉장히 불안한 신앙을 가지게 될 것입니다. 기준이 없는 것입니다. 누가 환상을 봤다 하면 그 환상을 믿고 따라야 하며, 누가 꿈을 꿨다고 하면 그 꿈을 믿고 따라야 하는 것입니다. 하나님은 이러한 것들로부터 우리가 자유 할 수 있도록, 또한 흔들리지 않을 수 있도록 정확하고도 무오하며 변하지 않는 하나님의 특별계시, 성경을 우리에게 허락하셨습니다. 성경은 시대가 변해도 흔들리지 않습니다. 흔들리는 우리에게 하나님께서는 흔들리지 않는 진리를 주셨고, 생명의 말씀을 통해 하나님을 알도록 하셨습니다.

기독교는 이러한 하나님의 계시에 전적으로 붙들린바 되는 '계시의 종교'입니다.

4) 루이스 벌코프, pp. 145-147.

2) 성경이란?

기독교가 하나님의 계시에 전적으로 붙들린바 되는 **'계시의 종교'**임을 우리가 믿는다면, 우리는 하나님을 알기 위하여 우리가 의존할 것이 하나님으로부터 우리에게 주어진 것이어야만 함을 고백하는 것과 다르지 않습니다. 기독교 신앙에 있어서 한 가지 주제라도 제대로 살펴보려면 우린 하나님이 그 주제에 대해 어떻게 말씀하시는가를 기초해서 살펴보아야 합니다.[5]

성경은 하나님의 말씀이며, 우리가 어떻게 하나님을 영화롭게 하고, 영원히 그를 즐거워할 것인가를 지시하는 유일한 규칙입니다. 구원을 위한 특별계시는 성경이라는 한 권의 기록으로 모여 모든 기독교인의 신앙과 삶의 유일하며 **정확 무오한 법칙**입니다.[6]

모든 성경은 낱말 하나까지도 하나님의 말씀입니다. 성경의 어느 부분도 영감 되지 않은 곳은 없습니다. 만약 불신자가 성경을 읽는다고 하더라도 성경의 모든 구절은 모두 하나님의 말씀인 것입니다.[7]

성경이 영감 되었다는 것, 하나님의 감동으로 되었다는 것[8]은 성경은 인간의 손으로 기록되었으나 분명한 신적 권위가 주어졌다는 것이며 그렇기에 오류가 없다는 것이고 절대적으로 순종해야 하는 것이며 성경이 오직 최종적 판단 기준임을 의미하는 것입니다. 하나님께서는 성경을 기록하는 저자들에게 성령으로 감동하게 하시고, 그들의 심령을 조명하시고, 죄의 영향을 억제하시며 그들이 사용하는 언어로 하나님의 계시를 표현하게 하는 동시에 그들의 개성, 성격, 재능, 경험, 교양, 어법 등의 인격적인 요소들을 사용하여 성경을 기록하게 하셨습

---

5) 웨인 그루뎀, 꼭 알아야 할 기독교 핵심 진리 20, 이용중 역, 부흥과개혁사, 2006, p.11.
6) 대한예수교 장로회 신조, 제 1조. 신구약 성경은 하나님의 말씀이니 신앙과 행위에 대하여 정확 무오한 유일한 법칙이다.
7) G. I. 윌리엄슨, 소교리 문답 강해, 최덕성 역, 개혁주의 출판사, 1978, p.21.
8) (딤후3:16) 모든 성경은 하나님의 감동으로 된 것으로 교훈과 책망과 바르게 함과 의로 교육하기에 유익하니.

니다. 이는 성경의 제1의 저자는 각 권의 기록한 인간 저자가 아닌 하나님이심을 뜻합니다.

성경은 하나님께서 제2의 저자를 통하여 기록하신 전적인 하나님의 말씀입니다. 그러기에 우린 성경의 한 구절도 오류가 없음을 믿고 따르는 것입니다. 성경은 약 40여 명에 의해 기록되었으며 성경을 기록한 사람들의 나라와 문화 배경은 매우 다양했습니다. 주전 1,400년부터 주후 90년에 걸쳐 성경은 기록되었습니다. 하나님은 이토록 다양한 배경과 개성, 재능을 가진 제2의 저자들을 감동시키셔서 하나님의 아들이신 예수 그리스도께서 이루신 구원의 역사에 대해서, 특히나 하나님의 영광에 초점을 맞춰 성경을 기록하셨습니다.

성경에서 철저하게 다루고 있는 주제는 성경 자체입니다. 성경은 하나님이 자신의 말씀에 대해 어떻게 생각하시는지를 말해 줍니다. 자신의 말씀에 대한 하나님의 생각, 성경의 완전성에 대하여 루이스 벌코프, 웨인 그루뎀과 같은 신학자들은 권위, 명료성, 필요성, 충분성이라는 네 가지의 일반적 범주로 나누어 성경의 완전성에 대해 설명합니다.

2-1) 성경의 신적 권위

성경에 있는 모든 말씀은 하나님의 말씀입니다. 성경을 단순히 인간이 만든 책이라고 여길 때, 우리는 하나님의 말씀에 순종할 수 없습니다. 성경은 하나님으로부터 나온 것이며 인간을 통하여 우리에게 흘러들어온 것입니다. 그러기에 성경은 그 말씀 자체로 하나님의 말씀임을 보여주기에 말씀을 믿지 않거나 순종하지 않는 것은 하나님을 믿지 않는 것과 하나님께 순종하지 않는 것과 같은 것입니다.[9] 성경은 성경 자체만으로 하나님의 말씀으로서의 권위를 지닙니다. 성경은 기록된 말씀이 하나님의 말씀임을 **'자증'**하기 때문입니다. 따라서 성경의 권위는 성경 자체에 있음을 우린 기억해야 합니다. 성경은 그 자체를 하나님의 말씀이라고 증거하기 때문에 우리는 그 말씀을 이해하려고 애써야 합니다. 그렇게 하는 것이 곧 하나님 자신을 이해하려고 애쓰는 것이기 때문입니다.

2-2) 성경의 필요성

그리스도인에게 중요한 것은 빠른 속도보다는 바른 방향입니다. 우리가 그리스도인이 되고, 그리스도인으로 살며, 그리스도인으로 성장하는 데 필요한 모든 것은 성경에 제시되어 있습니다. 또한 성경이 없이는 우리는 우리가 나아갈 방향을 결코 알 수 없습니다. 성경의 필요성은 우리가 하나님을 알고 우리 죄를 용서받으며 하나님이 우리에게 무엇을 행하기를 원하시는지 확실하게 알려면, 성경을 읽거나 다른 이들에게 성경의 내용을 듣는 일이 꼭 필요하다는 뜻입니다.

종교개혁가들은 로마 교회의 교회를 성경보다 우위에 세우는 일에 대하여 대항하며 우리는 말씀을 교회의 씨앗으로 만드신 하나님의 기쁘신 뜻에 힘입어 성경이 필요하다는 것을 외쳤습니다. 바른 신앙의 시작은 성경으로 말미암으며 바른 신앙의 성장도 성경으로 이루어집니다. 그러기에 우린 성경이 절대적으로 필요합니다.

---

9) 구약 성경의 여러 본문은 "여호와께서 가라사대"(출4:22; 수24:2; 삼상10:18; 사10:24)와 같은 표현으로 시작되는 경우가 많습니다. 이는 어떠한 이의 제기 없이 뒤에 이어질 말씀에 무조건 순종해야 함을 뜻합니다. 구약에서는 하나님의 말씀을 직접 인용한 것이 아닌 말씀도 하나님의 말씀으로 여겨집니다. 또한 신약 성경도 그 안에 있는 말씀들이 하나님의 말씀임을 확증합니다. 베드로는 베드로후서 3장 16절에서 바울의 모든 편지를 '성경'의 일부로 지정합니다. 또한 신약 성경의 여러 구절들은 아무런 망설임 없이 구약과 신약 모두를 인용하면서 인용한 말씀을 모두 '성경'이라고 부릅니다. 구약과 신약은 둘 다 성경으로 간주되므로, 디모데후서 3장 16절은 구약과 신약 모두를 "하나님의 감동으로 된 것"이라고 말합니다. 이처럼 성경은 성경 자체의 권위에 대하여 '자증'합니다.

2-3) 성경의 명료성

성경은 그리스도인이 되고, 그리스도인으로 살고, 성장하는 데 필요한 모든 것을 명확히 이해할 수 있도록 구원에 이르는 지혜에 있어 명료합니다. 특별히 성경은 두 가지 점에서 명료합니다. 첫째, 성경은 죄인이 구원받기 위해 알아야 할 내용에 있어서 명료합니다. 그러기에 그 책을 읽는 사람들로 하여금 예수께서 하나님의 아들 그리스도이심을 믿고 영원한 생명을 얻게 하심을 알게 합니다. 둘째, 성경은 구원받은 성도에게 주는 생활 교훈에 있어서 명료합니다. 그러므로 다윗은 "주의 말씀은 내 발에 등이요 내 길에 빛이니이다"(시119:105)라고 말한 것입니다.[10]

성경은 평범한 사람들이 이해할 수 있도록 기록되었습니다. 성경은 지식층만이 이해할 수 있는 것이 아닙니다. 우리가 흔히 생각하는 '이해력'은 성경을 알고 믿는 것과는 별개의 문제입니다. 성경이 명료함은 하나님께서 성령님을 통해 평범한 사람들이 구원을 받는 데 알아야 할 필요가 있는 것들을 아주 분명히 이해하도록 인도하실 수 있고, 인도하심을 의미합니다. 성경이 하나님의 말씀이라면 성령님은 성경의 증인이 되셔서 내적이며 은밀한 증거에 의해 우리에게 성경을 진리로서 확증시키십니다.

2-4) 성경의 충족성(충분성)

성경이 어떤 보충물을 필요로 한다는 주장에 반대하여 종교개혁가들은 성경의 충족성(충분성) 또는 완전성을 주장했습니다. 이 교리는 선지자들과 그리스도

---

10) 김지호, 개혁교의학 (I), 칼빈대학교 출판부, 2006, p.116.

와 사도들이 말하고 기록한 모든 것이 성경에 담겨 있다는 뜻은 아닙니다. 허나 구원에 이르는 지식을 알기 위하여, 그리스도인으로 살아가기 위하여 우리는 오직 그리스도와 사도들의 말씀인 성경만을 찾아보아야 하며 다른 어떠한 것을 더 필요로 하지 않음을 뜻합니다. 우리를 향한 하나님의 말씀을 찾을 수 있는 곳은 오직 성경뿐입니다. 성경에서 하나님은 우리가 행하기를 원하시는 모든 선한 일에 필요한 가르침을 주셨습니다. 성경이 충분하다는 것은 바로 이런 뜻입니다.

우리의 신앙과 삶의 유일한 규범이자 규칙은 오직 정확 무오한 하나님의 말씀뿐입니다. "오직 성경! 오직 성경!" 외치던 종교개혁의 외침이 사라진 이 시대 가운데, "오직 성경! 오직 성경!" 울부짖는 삶의 내용이 우리의 신앙과 삶에 묻어져 드러나길 소망합니다.

3) 성경을 읽어야 하는 이유

인간의 제1의 목적은 무엇일까요? **웨스트민스터 소요리문답 제1문**에서는 인간의 최고의 목적에 대하여 "영원토록 하나님을 영화롭게 하고 즐거워하는 것"이라고 말합니다. 이것이 인간의 존재 이유이며 바른 앎과 바른 삶임을 말합니다. 그러기 위해 우리가 펼쳐야 할 것이 무엇일까요? 그건 바로 성경입니다. 성경만이 우리의 신앙과 삶의 유일한 법칙이 되는 것입니다.

하나님을 영화롭게 하기 위해서는 먼저 하나님을 알고 우리를 알아야 합니다. 하나님을 아는 지식과 우리를 아는 지식의 근원은 오직 성경입니다. 하나님께선 성경을 통해 자기 자신을 알게 하셨고 성경을 통해 구원의 길을 제시하셨습니다. 그러므로 우린 특별계시로서의 성경을 늘 묵상하고 깨닫기에 힘을 다해야 합니다.

그런데 막상 성경을 펼치고 읽을 때, 우린 성경을 어떻게 읽어야 하는지에 대해 많은 고민을 하게 됩니다. 우리는 모두 성경을 규칙적으로 읽는 것이 당연하다고 생각합니다. 그러나 그보다 더 중요한 것은 집중적이고 지속적이며 몰두하는 성경 연구입니다. 하나님의 말씀은 큰 바다와 같습니다. 그리고 그 계명은 무한히 넓습니다. 그러기에 가끔씩, 서둘러서, 마지못해서 성경을 읽는 것으로는 하나님의 말씀의 의미와 능력을 우린 이해할 수 없습니다. 성경은 다른 책을 읽을 때와는 구별된 자세로 읽어야 합니다. 〈웨스트민스터 대요리문답 제157문〉에서는 성경을 읽는 자세에 대하여 이렇게 말합니다.

"성경은 말씀에 대해 존경하는 자세로, 고결한 자세로 읽어야 한다. 성경이 바로 하나님의 그 말씀이며 또 그분만이 성경을 이해하게 할 수 있다는 확실한 신념을 가지고 읽어야 한다. 성경 안에 계시된 하나님의 말씀을 알고, 믿고 그리고 복종하려는 열정을 가지고 읽어야 한다. 그리고 묵상하고 적용하고 자기를 부인하고, 기도하는 가운데 읽어야 한다."

성경은 이러한 자세로 읽어야 합니다. 그저 가볍게 자기계발서와 감동적인 에세이를 읽는 것과 같이 읽어서는 안 됩니다. 성경은 하나님의 말씀이기에, 또한 성경을 통해 우린 우리의 비참함을 깨닫고 우리에게 주어진 은혜를 깨닫기에, 하나님만이 그 말씀을 깨닫게 하심을 알기에 우린 끈기 있고, 근면하게 성경을 읽고 연구해야 합니다.

성경을 읽으십시오. 주일만 되면 가방 먼지 사이에 놓여있던 성경을 툭툭 털고 예배당을 향하는 우리 자신의 모습에서 벗어나 성경을 더욱 가까이 하셔야 합니다.

오직 신구약 성경만이 하나님의 말씀이요,
신앙과 삶에 있어서 정확 무오한 유일한 법칙이자 규범입니다.
그러기에 우린 성경을 읽어야만 합니다.

첫 번째 키워드인 '성경'은 우리가 앞으로 나눌 다른 키워드 중에서도 뒤처지지 않을 만큼 중요합니다. 그 이유는 성경이 앞으로 나누게 될 여섯 가지 키워드의 기반이며, 성경을 바로 알지 못하고는 남은 여섯 키워드를 온전히 이해할 수 없기 때문입니다. 바른 신학을 세우고 바른 신앙을 가지시기 원한다면 여러분 자신에게 바른 성경관을 세우시기에 가장 많은 노력을 쏟으십시오. '성경'이라는 기초공사가 튼튼하게 되어질 때, 우리의 신앙도 튼튼한 건물로 지어질 수 있습니다.

[학습 문제]

(1) 계시란 무엇입니까?

(2) 특별계시의 세 가지 수단을 쓰고, 그 수단들의 정점이 무엇이었는지를 쓰시오.

(3) 성경은 무엇입니까?

(4) 성경의 제 1의 저자는 누구이며, 이는 무엇을 의미합니까?

(5) 성경을 읽어야 하는 이유가 무엇입니까?

[기록과 나눔]

_ 새롭게 알게 된 것

_ 결단 할 것

KEYWORD

2

하나님

1) 우리에게 어떤 분이십니까?

하나님은 성경을 통해 자신이 누구인지를 알리시기보다 자신이 우리에게 어떤 분이신지를 중요하게 알리십니다. 우리는 하나님을 향해 누구냐고 물을 수 없습니다. 하나님은 우리에게 어떤 분이시냐고 물어야 합니다. 우리는 하나님에 대해서 계시하시고 알리신 것 외에는 설명할 수도, 알 수도 없기 때문입니다.

하나님이 어떤 분이심을 경험한 사람에 대해 성경은 이렇게 말합니다. "자랑하는 자는 이것으로 자랑할지니 곧 명철하여 나를 아는 것과 나 여호와는 사랑과 정의와 공의를 땅에 행하는 자인 줄 깨닫는 것이라"(렘9:24). 이 말씀은 하나님의 속성 중 대표적인 세 가지를 언급하고 있습니다.

첫째, 우리의 구원이 전적으로 보장되어 있는 안전한 금고와 같은 곳이 그분의 인애입니다. 이 인애는 그분의 선하심에서 나옵니다. "죄인 오라 하실 때에 날 부르소서!"라는 찬송 가사는 죄들의 용서를 간청하는 것입니다.

둘째, 정의 또는 심판은 사악한 자에게 시행되는 것으로 그들에게는 영원한 파멸이 준비되어 있습니다.

셋째, 기독교인들은 주님의 공의로 가장 따뜻하게 보호받고 있습니다.

이와 같이 우리에게 하나님이 어떤 분이신지를 알면, 즉 그분에 대한 지식을 갖게 된다면 그분께 영광을 돌리려고 할 것입니다. 깨끗하고 온전한 삶을 살기 위해 노력할 것이고 그분의 말씀에 전적으로 순종하려 할 것이고 그분을 신뢰하는 법을 늘 배울 것입니다. 하나님이 어떤 분이신지에 대한 가장 좋은 정보의 원천은 하나님 자신이십니다.

웨스트민스터 소요리문답 제4문

문: 하나님은 어떤 분이십니까?

답: 하나님은 신이신데, 그의 존재하심과 지혜와 권능과 거룩하심과 공의와 인자하심과 진실하심이 무한하시며, 무궁하시며, 불변하십니다.

우리는 하나님을 단순하게 사랑의 하나님, 질투의 하나님, 자존하시는 하나님과 같은 하나님의 속성 일부를 전체인 것처럼 여겨서는 안 됩니다. 하나님의 각 속성은 하나님의 성품의 한 측면을 나타냅니다. 하나님의 각 속성은 하나님이 어떤 분인지를 보여주는 한 관점을 제공합니다.[11] 만일 우리에게 하나님의 어느 한 속성이 다른 모든 속성보다 중요하다는 생각이 있다면 그것은 하나님에 대한 올바른 지식을 갖지 못하게 하는 큰 걸림돌이 될 수 있습니다.

2) 삼위일체

웨스트민스터 소요리문답 제5문

문: 하나님 한 분 외에 또 다른 하나님이 있습니까?

답: 한 분 뿐이시니, 참되시고 살아 계신 하나님이십니다.[12]

웨스트민스터 소요리문답 제6문

문: 하나님의 신격에 몇 위가 계십니까?

답: 하나님의 신격에 삼위가 계시는데 성부와 성자와 성령이십니다.[13] 이 삼위는 한 하나님이시며, 본질도 같으시고, 권능과 영광은 동등하십니다.

---

11) 웨인 그루뎀, 꼭 알아야 할 기독교 핵심 진리 20, p.47.

12) (고전8:4) … 하나님은 한 분 밖에 없는 줄 아노라.

13) (마28:19) 그러므로 너희는 가서 모든 민족을 제자로 삼아 아버지와 아들과 성령의 이름으로 세례를 베풀고,

앞에 제시된 이 두 교리문답은 기독교 신앙에 가장 중요한 교리인 삼위일체의 교리입니다. 삼위일체의 교리는 다음 세 가지로 진술됩니다.[14]

첫째, 오직 한 분 하나님만이 계신다.
둘째, 아버지도 하나님이시고, 아들도 하나님이시고, 성령님도 하나님이시다.
셋째, 각 위는 각각 구별된다.

성경에서 하나님에 대한 지식의 처음이며 마지막은 삼위일체 하나님에 대한 설명입니다. 이 진리는 신비롭고 비밀적인 진리입니다. 이 진리는 우리에 대한 지식이 아니고 그분에 대한 지식입니다. 우리는 하나님을 이해할 수 없습니다. 하나님은 불가해한 분이십니다. 이해가 아니라 단지 설명할 수 있을 뿐입니다.

기독교는 삼위의 하나님을 믿습니다. 이 신앙고백은 하나님께서 유일하신 한 분 하나님이시며, 성부, 성자, 성령 하나님이심을 믿는 삼위일체에 대한 고백을 의미합니다. 이는 하나님이 세 분이시라는 뜻이 아닙니다. 하나님은 한 분이시며, 동시에 삼위라는 뜻입니다.

삼위일체는 하나님에 대한 최선의 설명입니다. 삼위일체 교리를 설명하는 것이 하나님에 대한 지식을 갖는 데 가장 최선의 방법이지만 그것을 세상 학문처럼 이해하려 들면 안 됩니다. 믿음은 지성으로 이해하여 얻는 것이 아닙니다. 진리를 깨닫고 이해하는 데 있어 우리는 하나님 중심의 자세를 가져야 합니다. 또한 이것은 어떠한 예로 설명할 수 있는 것이 아닙니다. 그러한 우리의 노력은 하나님을 바르게 설명하고 이해할 수 없게 합니다. 하나님의 존재는 피조물로 결코 설명할 수가 없기 때문입니다.

---

14) G. I. 윌리엄슨, p. 35.

하나님은 **구별되는 세 위격**[15]으로 존재하시므로 성부는 성자나 성령이 아니고, 성자는 성부나 성령이 아니며, 성령은 성부나 성자가 아닙니다. 삼위일체의 각 위격은 모두 완전한 하나님이십니다. 예수 그리스도께서도 완전한 하나님이시며, 성령 하나님도 완전한 하나님이십니다. 이는 성부, 성자, 성령 하나님께서 본질에 있어서 한 분이심을 나타냅니다. 즉, 한 실체이십니다.

한 분 하나님이 삼위로 계십니다. 하나님은 성자를 "내 목자, 내 짝된 자"로 부르셨습니다(슥13:7). 성자는 성부를 "나를 위하여 증언하시는 이", "나를 보내신 이"라고 부르심으로써 자신과 구별하셨습니다. 또한 성부와 성자의 위격이 그러하듯이 성령의 위격도 구별됩니다. 주님은 자신이 보내실 영이 "아버지께로부터 나오시는 진리의 성령"이라고 하심으로써 성부와 성령의 위격이 구별됨을 계시하셨습니다(요15:26). 또한 그 영을 "또 다른 보혜사"(요14:16) 혹은 "아버지께서 내 이름으로 보내실 성령"(요14:26)이라고 부르심으로써 자신과도 구별하셨습니다.

위격에 있어서 성자는 아버지로부터 나셨고 성령은 아버지와 아들로부터 나오셨습니다. 성부와 성자와 성령은 시간에 있어서 전후가 없고 지위에 있어서 높고 낮음이 없습니다. 다만 우리가 먼저는 성부를, 다음으로는 그분의 지혜로서 성자를, 마지막으로는 그분의 능력으로서 성령을 생각하기 때문에 그러한 순서[16]로 다룰 뿐입니다.

우리가 중요하게 짚고 넘어가야 할 부분은 이것입니다. **삼위일체 하나님께서는 위격에 있어서는 구별되시나 신적 본질에 있어서는 동일하시다는 것입니다.** 이러한 삼위일체의 비밀에 대하여 갑바도기아 교부 나지안주스의 그레고리는 다음과 같이 말했습니다.

---

15) '위'라는 단어는 삼위 하나님을 구별하기 위해 사용된 단어입니다. 위격이라는 말은 삼위 하나님 사이의 구별되는 인격적 특성을 말하는 것입니다. 그러기에 '분'이나 '인격'으로 번역되기도 합니다.
16) 여기서 "순서"는 진리를 "인식하는 순서" 혹은 "가르치는 순서"를 뜻합니다. 삼위는 동등하므로 서로 간에 실제적인 순서가 있을 수 없습니다.

"나는 즉시 삼위의 광채에 휩싸이지 않고는 한 분을 생각할 수 없고 곧바로 한 분으로 이끌림을 받지 않고는 삼위를 분별할 수도 없다."

우리는 성부, 성자, 성령 하나님이 세 위격으로 계셔도 신적인 본질은 동일하시며 '셋'이 아닌 '하나'이신 하나님이심을 기억해야 합니다. 성경은 하나님이 셋이 아니라 오직 하나라는 사실을 분명히 밝힙니다. **성경은 하나님이 '한 본질' 내지 '한 존재'라고 말합니다.**[17]

세 위격은 고유한 특성에 따라 고유한 일을 감당하십니다. 성부 하나님께서는 삼위일체 교리의 시작이십니다. 아버지 하나님께서는 '여호와'라는 신적인 명칭으로 불렸고 성자를 영원히 낳으시고, 성령을 보내시며, 우주의 창조자요 심판자요 모든 구원의 역사를 계획하고 작정하시는 분이십니다. 그래서 성부 하나님은 만물의 시작이시며, 처음이시라고 말할 수 있습니다. 웨스트민스터 신앙고백서 2장 3항은 "성부는 그 누구로부터 난 것이 아니시고, 태어나지도 않으시고, 나오지도 않으신다."라고 성부의 고유성을 말했습니다.[18]

그리고 우린 성자 하나님의 위격을 계시하시는 사역으로서 세 가지로 특정할 수 있습니다.

첫째, 성자는 "영원 전부터 하나님으로부터 나신 말씀"이셨습니다. 그는 스스로 영원하고 본질적인 하나님의 말씀이셨으며 성부께서 만물을 짓기 전에 가지신 지혜이셨습니다(잠8:22-31).

둘째, 성자는 하나님의 아들로서 창조와 섭리의 중보자가 되셨습니다. 하나님은 말씀을 중보자로 삼으셔서 천지를 창조하셨으며 말씀으로 모든 세계를 지으

---

17) 웨인 그루뎀, 꼭 알아야 할 기독교 핵심 진리 20, p.52.
18) 신원균, 질문하는 십대, 대답하는 개혁신학, 디다스코, 2018, p.102.

시고 만물을 붙드십니다.

셋째, 예수 그리스도는 구원의 주시오 모든 은사의 조성자가 되십니다. 영원하신 아들이 이 땅에 오셔서 대속의 사역을 다 이루시고 구원 자체가 되셨습니다. 성부 하나님의 구원 계획을 이 땅에 오사 이루신 분, 그분이 성자 하나님이십니다.

그리고 성령 하나님의 위격은 다음 세 가지 사역으로 다루어집니다.

첫째, 성령은 말씀하시는 분이십니다. "여호와의 말씀으로 하늘이 지음이 되었으며 그 만상을 그의 입 기운으로 이루었도다"(시33:6). 성도는 성령의 입 기운 (적용하심)으로 말씀을 받음으로써 경건에 대한 확실한 경험을 하게 됩니다.

둘째, 성령은 창조와 섭리의 영으로서 일하십니다. 모든 곳에 편재하시며 모든 것을 보존하시고 하늘과 땅에 있는 모든 것을 자라게 하시며 생육하게 하시는 분은 성령이십니다. 그분은 한계가 없으시기 때문에 피조물의 범주에 갇히지 않으시지만 자신의 생기를 펼치시고 자신의 본질과 삶과 운동을 불어넣어 주십니다.

셋째, 성령은 중생의 조성자로서 생명을 살리는 능력을 지니십니다. 성령의 역사로 그리스도의 의가 성도에게 전가되어 거듭남의 은총이 임하게 됩니다. 그리하여 성도를 성령의 전이라고 부르는 것입니다. 성령 하나님께서는 성부 하나님께서 계획하시고 성자 하나님께서 이루신 구원을 성도 개개인에게 적용시키시는 분이십니다.

삼위일체의 경륜에 있어 성자와 성령은 함께 일하십니다. 그리고 아버지는 성령 안에서 아들을 통해 일하십니다. 칼빈에게 있어서 삼위일체 하나님께서 한 본질로 계심을 뜻하는 존재적 삼위일체와 삼위일체 하나님으로 일하심을 뜻하는 경륜적 삼위일체는 서로 지향하며 역동적으로 관련됩니다.

성자	성령
말씀(지혜)	말씀하시는 영
창조 중보자	창조와 섭리의 영
구속 중보자	살리시는 중생의 영

이러한 삼위일체 하나님의 일하심을 칼빈은 기독교강요를 통해 이렇게 말했습니다. "일하심의 시작 그리고 모든 것의 기초와 원천이 아버지께, 지혜와 계획 그리고 일들을 행하심에 있어서의 경륜이 아들께, 행위와 능력과 작용이 성령께 돌려진다"(기독교강요 1권 13장 18항). 이를 표로 정리하자면 다음과 같습니다.

	일하심의 내용
성부	구원 계획
성자	구원 성취
성령	구원 적용

삼위일체 하나님의 존재와 경륜은 지혜롭게 교육되어야 합니다. 하나님은 자신을 낮추셔서 아무리 고상한 지식이라도 유모가 아이에게 마치 옹알이하듯이 우리에게 맞추어 주십니다. 하나님이 원하시면 깨닫지 못할 자가 아무도 없으

며, 그분이 막으시면 알 자 또한 아무도 없습니다. 그러므로 우린 오직 스스로 존재하시고, 역사하시며, 계시하시는 삼위일체 하나님의 말씀에만 의존해야 합니다.

헤르만 바빙크는 **"삼위일체 교리는 기독교의 심장이다."**라고 말하면서, 그 이유로 '첫째, 신학 전체에 영향을 끼친다. 둘째, 하나님의 사상의 풍부함을 보여준다. 셋째, 하나님의 영원한 존재에의 조명이다. 넷째, 하나님 중심이 신학을 구성하게 한다. 다섯째, 구속 진리의 열쇠가 된다'고 말했습니다.

이처럼 삼위일체 교리는 기독교 교리의 왕관이라고 불릴 만큼 중요하고 또 중요한 부분입니다. 우리는 삼위일체 하나님에 대하여 고찰하면서 단순하게 독특성을 느끼는 것뿐만이 아니라, 인간의 이성에 의해서가 아닌 하나님의 계시를 통해서만 올바르게 이것을 이해할 수 있음을 확인해야 합니다. 하나님에 대한 지식은 유한하고 하나님의 계시의 한도 안에서만 가능합니다. 그러나 우리의 앎이란 이렇게 유한한 것임에도 불구하고 구원 얻기에 충분하며, 부분적으로 알고 있지만, 그 지식은 사실이라는 것을 기억해야 합니다.[19]

3) 하나님의 사역

하나님이 하시는 일은 크게 세 가지로 나누어 **계획, 창조, 섭리**로 구분할 수 있습니다. 또한 계획에는 일반계획(작정)과 특별계획(예정)으로 나누고, 창조에는 물질세계의 창조와 영적세계의 창조로 나눌 수 있겠고, 섭리에는 보존, 통치, 협력 등의 요소를 나눕니다.

---

19) 김지호, 개혁교의학 (I), p. 263.

3-1) 계획

　개혁신학에서는 하나님께서 영원 전부터 무엇이 일어날지를 주권적으로 결정하셨으며 자연계와 초자연계를 걸친 하나님의 모든 창조 사역에서 하나님의 주권을 강조합니다. 하나님의 주권적 계획에는 일반적인 계획으로서의 작정과 특별한 계획인 예정이 있습니다. 하나님께서 영원 전부터 세상의 모든 일을 미리 계획하시고 작정하셨음을 <웨스트민스터 신앙고백서 3장 1항>은 다음과 같이 말합니다.

> "하나님께서는 영원 전부터 가장 지혜롭고 거룩한 자신의 뜻의 계획에 의해서
> 일어날 모든 것을 자유롭고 불변하게 작정하신다. 그렇지만 그 때문에
> 하나님께서 죄의 조성자가 아니시며 피조물의 의지가 침해당하는 것도 아니며,
> 제2원인들의 자유나 우연성이 제거되는 것도 아니고 오히려 확립한다."
>
> (웨스트민스터 신앙고백서 3장 1항)

　이렇게 볼 때, 하나님의 작정은 "하나님이 그의 영광을 위하여 그의 무한한 권능과 지혜로 일어날 모든 일을 기쁘신 뜻을 따라 정하시는 그의 영원하신 목적"이라고 할 수 있습니다. 이러한 하나님의 작정은 우주 안에 일어나는 모든 일을 포함합니다. 그러나 꼭 짚고 넘어가야 할 것은, 하나님은 결코 죄의 조성자가 아니시며 자유의지를 허락하신 이성적 피조물들이 죄의 길로 나아가게 될 때, 그것을 막지 않고 내버려 두시기로 작정하셨다는 것입니다. 우리는 이것을 허용적 작정이라고 합니다.

　하나님의 예정이란 하나님께서 죄인들 중 일부, 어떤 사람들을 구원하기 위하

여 주권적으로 선택하고, 다른 자들은 죄의 상태에 내버려두신 유기를 포함하는 타락한 인간에 대한 하나님의 영원하신 계획을 의미합니다.

〈웨스트민스터 신앙고백서 3장 3, 4항〉은 다음과 같이 말합니다.

"하나님의 작정에 의하여 그리고 하나님의 영광을 나타내시기 위하여 어떤 사람들과 천사들은 영생에로 예정되고 다른 이들은 영원한 사망에로 예정된다. 이와 같이 예정된 천사들과 사람들은 낱낱이 그리고 불변하게 계획되어 그들의 수효는 확실하고 일정하기 때문에 그 수가 증가할 수도 감소할 수도 없다."

(웨스트민스터 신앙고백서 3장 3, 4항)

예정 교리는 '선택'과 '유기'로 구분됩니다. 선택한다는 것은 택하는 것입니다. 선택은 죄에 빠진 세상 사람들로부터 구원할 일부 사람들을 택하심을 말합니다. 구원으로의 선택은 성경에서 가르치는 바입니다. 에베소서 1장 4-5절에서 우리는 어떤 사람을 선택하시고 예정하심에 대해서 읽을 수 있습니다.[20]

우리가 분명히 알아야 할 사실은 하나님의 예정이란 오직 하나님의 기쁘신 뜻이라는 사실입니다. 우린 이에 대해 어떠한 반박도, 이유도 물을 수 없습니다. 하나님께서는 모든 사람이 아닌 일부 사람들만 구원하십니다. 〈도르트신조 첫째 교리 7장〉은 다음과 같이 선택을 정의합니다.

"선택은 하나님께서 … 그리스도 안에서 제한된 특정한 수의 사람들을 구원으로 택하신 하나님의 변하지 않으시는 목적입니다." (도르트신조 첫째교리 7장)

선택은 하나님께서 제한된 수의 사람들을 예수 그리스도 안에서, 그리고 예수

---

20) (엡1:4-5) 곧 창세 전에 그리스도 안에서 우리를 택하사 우리로 그 사랑 안에서 그 앞에 거룩하고 흠이 없게 하시려고 그 기쁘신 뜻대로 우리를 예정하사 예수 그리스도로 말미암아 자기의 아들들이 되게 하셨으니.

그리스도에 의해서 구원하시려고 하는 하나님의 영원한 목적입니다.

이러한 선택 교리는 일부가 선택되지 않았음을 자연스럽게 함축합니다. 우리는 선택되지 않음을 유기라고 합니다. 유기는 말 그대로 하나님께서 다른 일부 사람들을 버려두심을 말하는 것입니다. 결과적으로 이 사람들은 자신이 스스로 빠져든 죄의 비참함 가운데 머물러 있는 것입니다.

〈도르트신조 첫째교리 15장〉은 이렇게 말합니다.

"성경에서 모든 사람이 선택받은 것이 아니라 일부 사람들은 선택받지 못하고 하나님의 영원하신 선택에서 제외되었다는 사실을 선언합니다. … 하나님께서는 당신의 가장 자유로우시고 가장 공의로우시고 흠 없으시고 변치 않으시는 선한 기쁨으로, 버림받은 자들이 스스로 자기 잘못으로 인해 빠지게 된 공통의 비참함에 머물러 있게 하시고, 그들에게 구원하는 믿음과 회심의 은혜를 제공하지 않으시기로 작정하셨습니다." (도르트신조 첫째교리 15장)

선택은 하나님께서 택하시는 능동적인 행동인 반면에, 유기는 백성들을 머물러 있게 하시는 수동적인 행동입니다. 비록 우리의 구원이 우리가 선택받은 결과일지라도, 우리는 사람들이 유기되었기 때문에 멸망당한다고 하거나 하나님께서 일부 사람을 지옥으로 보냈기 때문에 그들이 지옥으로 가도록 정해졌다고 말할 수 없습니다. 하나님의 유기는 불공평하지 않습니다. 사람들은 모두 자신의 죄를 통해 사탄의 편에 연합한 것입니다. 그래서 모든 사람은 지옥에 가도록 정해졌습니다. 그러나 하나님께서는 지옥으로부터 일부 사람들을 구원하시기를 기뻐하셨고 이를 통해 하나님의 자비와 공의가 둘 다 드러나게 되는 것입니다.

하나님께서 죄인 중 일부를 선택하심은 하나님의 자비입니다. 인간은 스스로 죄에 빠졌기에, 하나님께서는 한 사람도 구원하지 않으셔도 됩니다. 그런데 하나님께서 일부 사람들을 구원하셨습니다. 이것이 하나님의 자비입니다. 또한 하나님께서 선택받지 못한 유기된 자들을 사탄과 함께 버려두심은 하나님의 공의입니다. 인간이 인간 자신의 뜻대로 사탄과 연합했고, 스스로 죄에 빠진 상태로 그들을 버려두시는 것, 그것은 하나님의 공의입니다.

이러한 선택과 유기는 인간의 차원에서 이해할 수 없는 하나님의 신비한 주권적 계획입니다. 오직 이것은 창세 전에 '하나님의 기쁘신 뜻'에 따라 이루어진 것입니다. 인간 편에 달려 있지 않으며[21] 오직 하나님 당신의 기쁘신 뜻이 유일한 이유입니다. 이를 개혁신학에서는 **'무조건적 선택'**이라고 부릅니다.

3-2) 창조

웨스트민스터 소요리문답 제9문
문: 창조하신 일이 무엇입니까?
답: 창조하신 일은 하나님께서 엿새 동안 아무 것도 없는 중에서 그 권능의 말씀으로써 만물을 지으신 일인데, 다 매우 선합니다.

하나님은 인간을, 그리고 하나님 자신과 구분되어 존재하는 모든 것을 창조하셨습니다. 하나님의 피조물은 모두 하나님으로 말미암았고 하나님을 위하여 창조되었습니다. 이 말은 하나님은 피조물에 의존하지 않으셔도 되는 분이시나 모

---

21) 롬9:11 참고, 하나님께서는 야곱과 에서가 태어나기도 전에 야곱을 택하셨습니다.

든 피조물은 오직 하나님께 의존해야 한다는 것입니다. 성경의 첫 구절부터 성경 마지막 구절까지 하나님은 존재하는 모든 것의 찬양 받기에 합당하신 분이심을 나타냅니다.

성경적 창조관과 직접적으로 충돌하는 과학 이론이 많이 있습니다. 그 모든 이론은 결국 세상의 첫 시작에 대해서 우연을 강조할 뿐입니다. 그저 우연과 가설을 앞세워 진정한 피조물의 가치를 깨닫지 못하게 합니다. 그러나 성경은 그렇게 말하지 않습니다. 성경은 하나님이 아무것도 창조하실 필요가 없었지만, 세상 만물과 우리를 창조하셨다고, 또한 인간은 특별하게 하나님의 형상으로 창조하셨다고 말합니다. 이는 하나님의 창조에 목적이 있고 피조물들이 하나님으로 인하여 가치가 있음을 말하는 것입니다.

헤르만 바빙크는 그의 책, 개혁교의학에서 만물의 존재 이유에 대해 이렇게 말합니다. **"성경은 모든 피조물들의 존재와 그렇게 지음 받은 사실은 하나님의 뜻이라고 거듭 지적한다."**, 쉽게 말해 모든 피조물의 창조에는 하나님의 뜻이 있다는 것입니다.

"그렇다면 하나님은 왜 세상을 창조하셨을까요?"

성경은 그것을 하나님의 영광을 위함이라고 말합니다. "이는 만물이 주에게서 나오고 주로 말미암고 주에게로 돌아감이라 그에게 영광이 세세에 있을지어다 아멘"(롬11:36), "내 이름으로 불려지는 모든 자 곧 내가 내 영광을 위하여 창조한 자를 오게 하라 그를 내가 지었고 그를 내가 만들었느니라"(사43:7). 성경은 모든 만물과 인간의 창조 목적을 오직 하나님의 영광으로 선포합니다. 모든 피조물은 하나님의 계획과 작정에 따라 하나님의 기쁘신 뜻을 위해 창조되었습니다.

우린 이것을 바르게 알게 될 때 우리가 살아가는 인생의 목적을 알게 됩니다. 〈웨스트민스터 소요리문답 제1문〉은 "사람의 제일 되는 목적이 무엇입니까?"라고 물으며 그 답으로 "사람의 제일 되는 목적은 하나님을 영화롭게 하고, 하나님을 영원토록 즐거워하는 것입니다."라고 말합니다. 우린 하나님의 영광을 위해 창조되었습니다. 분명한 뜻과 목적을 가지고 지음 받은 존귀한 존재입니다.

"태초에 하나님이 천지를 창조하시고 우릴 만드셨습니다."

3-3) 섭리

하나님의 예정은 창조 사역뿐만 아니라 섭리의 사역에서도 이루어집니다. 이러한 섭리는 일반섭리와 특별섭리로 나누어집니다.

먼저 일반섭리는 '보존'의 형태로 일어납니다. 하나님이 잠시라도 창조의 세계를 관리하지 않으시면 우주 만물은 1분, 1초도 존재할 수 없습니다. 하나님은 이러한 보존하심으로 자신의 백성을 보존하시고 지켜주십니다.

또한 둘째로 '통치'의 형태로 일어납니다. 하나님은 창조를 보존하는 방식으로도 일하시지만 때로는 창조질서를 거슬러 일하시기도 하십니다. 이 일은 창조의 질서 속에서 예외적이고 특수하게 일어나는 일이기 때문에 우리는 '기적'이라고 말합니다. 세상을 창조하시고 주관하시는 하나님이 아니시곤 그 누구도 이러한 방식으로 일할 수 없습니다.

그리고 일반 섭리는 마지막으로 '협력'의 형태로 일어납니다. 하나님은 그의 모든 창조물과 협력하여 그들로 하여금 자신들이 하는 일을 정확하게 실행하도록 하십니다. 이것은 하나님과 인간이 50:50으로 일한다는 의미가 아닙니다. 하나님께서는 인간을 짐승처럼 본능이나 기계처럼 다루지 않으시고 인격적으로 대해주시며 협력적으로 일하심을 말합니다. 하나님의 주권과 인간의 책임 있는 의지는 놀라운 하나님의 섭리 가운데 부딪히지 않고 하나 되어 하나님의 뜻하신 바를 이루어 갑니다.[22]

그리고 섭리에는 특별섭리가 있습니다. 신학적 용어로 '특별'이라는 말이 들어가는 말들은 '특별'이라는 단어를 '은혜' 혹은 '구원'으로 바꾸어 사용할 수 있습니다. 특별섭리란 오직 구원받은 백성, 즉 하나님의 나라의 백성들을 위해 작용하는 하나님의 교회에 대한 섭리입니다. 하나님은 창세 전에 택하신 자들을 특별한 은혜와 섭리로 부르시고 죄와 사망의 권세를 벗게 하시고 그들을 구원하여 영생의 삶을 살도록 인도하십니다. 그러기에 **성도의 삶에 가장 은혜 되는 말이 있다면 그것은 '섭리'라는 말**입니다.

우리의 삶이 때론 괴롭고 지치며 힘들다 할지라도 우리가 구원받은 하나님의 자녀라면 우리를 힘겹게 하는 그 순간마저도 하나님의 인도하시는 손길 안에 있음을 믿고 위로를 얻고 소망을 품을 수 있게 하기 때문입니다. 하나님은 우리의 모든 삶을 섭리 가운데 이루어가십니다. 우리에겐 그러한 하나님의 손길을 온전히 신뢰하는 믿음이 필요합니다.

---

22) 신원균, pp. 112-114.

[학습 문제]

(1) 여러분에겐 하나님의 어떤 속성이 가장 매력적으로 보이십니까?
그런 속성을 통해서 하나님에 대해 알게 된 것이 무엇입니까?

(2) 삼위일체 하나님의 각 위는 어떠한 사역을 하십니까?

(3) 예를 들어 삼위일체 하나님을 설명할 수 없는 이유가 무엇입니까?

(4) 하나님의 선택과 예정을 통해 드러나는 하나님의 속성은 무엇입니까?

(5) 하나님께서 세상을 창조하신 이유에 대한 관련 성경 구절을 기록하고
설명해보시오.

[기록과 나눔]

_ 새롭게 알게 된 것

_ 결단 할 것

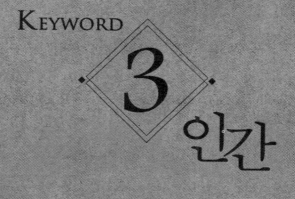

KEYWORD

3 인간

1) 하나님의 형상

하나님께서는 지극히 높으신 그분의 뜻하심으로 인하여 세상 모든 만물을 창조하셨습니다. 그리고 세상 모든 만물 중 가장 마지막으로 인간을 지으셨습니다. 이전까지는 등장하지 않았던 새로운 창조의 모습이 인간의 창조에 등장합니다. 그건 바로 인간만이 '**하나님의 형상**'대로 지음 받았다는 사실입니다. 우린 너무도 당연하게 여기는 하나님의 형상 교리를 바르게 이해할 때, 우리가 어떠한 존재이며 어떠한 방향으로 나아가고 있고 어떠한 방향으로 나아가야 하는지를 바르게 알 수 있습니다. 그러기에 하나님과 우리의 관계, 하나님 앞에서 우리의 존재, 우리가 살아가는 이유인 사명을 하나님의 형상 교리를 통하여 깨달을 수 있습니다.

인간이 하나님의 형상대로 지음 받음은 성경이 말하고 있는 바입니다. 성경은 오직 인간만이 하나님의 형상으로 창조되었다고 말합니다.[23] 그러므로 인간이 하나님의 형상으로 존재한다는 것은 기독교 인간론의 핵심이라고 할 수 있습니다. 형상이라는 단어에 깔려있는 기본적인 개념은 '닮음'이라는 개념입니다. 이 단어는 처음 인간이 창조되었을 때, 인간이 하나님을 닮았음을 우리에게 말해줍니다. 우리의 외형적인 모습이 하나님을 닮았다는 것을 말하는 것일까요? 아닙니다. 우리가 하나님을 닮았음은 하나님께서 우리와 나눠 가지신 하나님의 성품을 우리가 닮았음을 의미합니다.

성경은 인간을 "**네 가지 상태**"로 나눕니다. 먼저는 타락 이전의 상태, 최초의 인간인 아담의 상태입니다. 다음은 아담의 범죄로 인해 일어난 타락 이후의 상태입니다. 그다음은 예수 그리스도를 구세주로 신뢰하는 중생한 상태입니다. 그

---

23) (창1:27) 하나님이 자기 형상 곧 하나님의 형상대로 사람을 창조하시되 남자와 여자를 창조하시고.

리고 여기까지는 지상에서의 삶이라면 이후에 마지막으로, 천국에서 우리는 영화로운 상태가 됩니다.

1-1) 본래 하나님의 형상

먼저 최초의 인간인 아담의 상태입니다. 타락 이전의 인간의 상태는 원(原) 하나님의 형상의 상태입니다. 하나님의 형상을 충분히 이해하려면 우리는 그 형상을 〈창조, 타락, 구속〉이라는 패러다임 안에서 비추어 봐야 합니다. 태초에 인간이 죄에 빠지기 전의 모습은 **"원래의 형상"**이었습니다.

우리는 하나님의 형상이 인간 역사에서 어떻게 드러났는지 정확히는 모르지만, 최초의 부부, 아담과 하와는 죄 없이 순종적으로 하나님의 형상을 반영했을 것이라 추측할 수 있습니다. 즉 하나님을 예배하고 섬기며, 서로를 사랑하고 섬기며, 하나님이 그들에게 주신 창조 세계의 영역을 다스리고 돌보는 면에서 그들은 죄 없이 순종적으로 자기 역할을 다했을 것입니다.

이때, 인간은 세 위치의 관계 가운데 위치하게 되었습니다. 첫째로는 하나님과 인간과의 관계, 둘째로는 인간과 인간과의 관계, 셋째로는 인간과 피조세계와의 관계입니다. 그러한 관계 가운데 하나님을 온전히 예배하며 섬기고, 서로가 서로를 사랑하고 섬기며, 피조세계를 온전히 다스리는 것, 그것이 인간이 인간의 삼중적인 위치 가운데 바르게 살아가고 있던 모습이었습니다.

하나님은 자신의 고유한 본성인 영에 속한 속성들을 인성 가운데 부여해주셔서 인간이 하나님의 피조물이지만 하나님과 인격적인 교통을 하게 하신 것입니다. 인간은 하나님의 형상을 가졌기 때문에 만물의 영장으로서 대권을 행사하며 하나님을 아는 지식을 얻게 됩니다. 인간은 하나님의 형상을 가짐으로써 이성적이고 영적인 존재로서 하나님을 예배하게 되었습니다.

> "하나님의 형상이라는 말은 아담이 처음에 받았던 그 온전함을 의미한다. 아담은 처음에는 올바른 지성을 충만하게 소유하였고 이성의 한계 내에 자신의 정서를 종속시켰으며 모든 감각을 적절한 질서에 따라 조절하였다. 그리고 그는 자신의 뛰어남을 자신을 지으신 분이 수여하신 놀라운 은혜의 선물이라고 여겼다. 하나님의 형상의 중요한 좌소가 가슴과 마음 혹은 영혼과 그 능력에 있다 해도 인간의 어느 부분에도, 심지어는 육체 자체에도, 그 광채가 얼마나 빛나지 않는 곳은 없다." (기독교강요 1권 15장 3항)

타락 전 원래의 하나님의 형상의 인간은 온전함을 지녔기 때문에 원하지 않았다면 죄를 짓지 않을 수 있었습니다. 그러나 그럼에도 불구하고 자신의 의지로, 즉 자원하여 인간은 타락한 것입니다.

아담은 하나님이 보시기에 선을 행할 의지, 즉 자유의지를 가지고 있었습니다. 하나님은 사람에게 자유의지를 주셔서 뜻을 다한 순종을 통하여 영광 받기를 원하셨습니다. 하나님께서 우리를 로봇과 같이 하나님을 찬양하도록 하지 않으시고 자유의지를 주사 스스로 하나님을 찬양할 수 있게 하심은 하나님께서 우리와 인격적인 관계를 맺으시는 분이심을 보여줍니다. 그러기에 최초의 인류는 온전했고 그 가운데 하나님의 말씀을 순종할 수도, 불순종할 수도 있었습니다.

1-2) 타락한 하나님의 형상

우리가 기억하고 알아야 할 것은 이것입니다. 우리는 본래 하나님을 예배하는, 하나님의 영광을 위한 존재로 지음 받았는데 지금 우리의 모습이 어떻습니까? 하나님을 예배하도록 지음 받은 인간이 각자의 삶에서 하나님이 아닌 다른 것들을 예배하고 그것들을 위해 봉사하고 사랑하고 다스리고 있지 않습니까?

우리에게 주어진 본래 하나님의 형상이 있습니다. 그것은 온전히 하나님만을 바라보며 하나님께로 향하도록 하지만 **인간이 죄에 빠진 후의 하나님의 형상은 사라진 것이 아니라 삐뚤어졌습니다.** 죄로 인하여 모든 인간 안에 있는 하나님의 형상은 파괴되지는 않았지만 심하게 부패되었습니다.

칼빈은 삐뚤어진 하나님의 형상에 대해서 죄로 인해 인간 안에 있는 하나님의 형상이 변형되고, 훼손되고, 불구가 되고, 질병에 시달리고, 뒤틀어진 것으로 묘사했습니다. 이에 대해 헤르만 바빙크는 죄로 인해 인간 안에 있는 하나님의 형상에 끼친 영향에 대해 '황폐해졌다'라는 말까지 사용했습니다. 그래서 죄로 인해 타락한 인간은 모두 참 하나님을 예배하는 대신에 우상을 예배하는 존재가 되었습니다.

그러기에 오래전 인간은 나무나 돌로 우상을 만든 반면, 현대인들은 무언가 예배할 것을 찾으면서 자기 자신, 인간 사회, 국가, 돈, 명예, 재산, 쾌락 등 더 교묘한 형태의 우상을 만듭니다. 이 모든 우상 숭배는 하나님을 예배할 수 있는 인간의 능력이 왜곡된 것입니다. 루이스 벌코프는 이러한 모습을 보며 인간이 지닌 하나님의 형상이 심하게 일그러졌다고 표현합니다.

죄로 인하여 타락한 인간은 인간이 위치한 삼중적인 위치 가운데 왜곡이 일어났습니다. 하나님을 온전히 예배할 수 없게 되었으며, 인간과 인간과의 관계에서 서로가 사랑하고 섬길 수 없게 되었습니다. 그로 인해 서로를 시기하며 질투하고 다투게 된 것이죠. 또한 하나님께서 우리에게 다스리도록 주신 피조세계를 온전히 다스리지 못하는 환경 파괴까지 이르게 된 것입니다.

1-3) 회복 내지 새로워지는 하나님의 형상

이러한 세 가지 방면(삼중적인 위치)으로 인간 안에 있는 하나님의 형상은 타락 이후 심하게 왜곡되어졌지만, 그럼에도 중요한 사실은 인간은 여전히 하나님의 형상이라는 점입니다. 타락한 인간의 하나님의 형상은 인간이 죄에 빠짐으로 인해 왜곡되어졌으므로 새로워질 필요가 있습니다.

그 형상의 새로워짐 내지 회복은 구원으로 인해 발생합니다. 완전히 상실된 것은 아니지만 왜곡되어버린 하나님의 형상이 교정되어가고 다시 바로 잡혀 가는 것, 다시금 참된 하나님의 형상을 드러내는 삶을 살 수 있게 되는 것, 그것이 바로 구원입니다.

참된 하나님의 형상의 회복은 거듭남과 성화의 과정 가운데 이루어집니다. 즉, 구원으로 인해 이루어집니다. 이때 우리가 닮아가는 분이 누굴까요? 그분이 예수 그리스도십니다. 참된 하나님의 형상, 하나님 그 자체이신 하나님의 원형 예수 그리스도입니다. 예수 그리스도께서 이 땅 가운데 오사 우릴 위해 죽으시고 다시 사셨으며 그것을 믿는 우리는 **성령의 역사로 우리의 왜곡된 하나님의 형상이 참된 하나님의 형상인 예수 그리스도를 닮아가며 교정되고 회복되어지는 것**입니다.

그로 인해 우리가 위치한 삼중적인 관계가 다시 회복됩니다. 하나님을 향해서, 이웃을 향해서, 피조세계를 향해서 다시금 사랑 안에서 살 수 있게 됩니다. 그것이 진정한 회복입니다.

3-4) 완성된 하나님의 형상

언제 하나님의 형상의 회복이 완성될까요? 그것은 우리가 하나님 나라에 임하는 그 순간, 영화의 때입니다. 그때 우리는 구원 받은 하나님의 백성으로서 하나님의 형상이 완성되어집니다. "하나님이 미리 아신 자들을 또한 그 아들의 형상을 본받게 하기 위하여 미리 정하셨으니"(롬8:29). 우리가 나아갈 최종적인 삶은 이제 더 이상 죄의 문제로 흔들리지 않으며 죄짓는 것도 불가능하며 죽는 것도 불가능한 그 순간입니다. 다가올 세상에서 우리는 하나님의 형상을 완벽한 모습으로만이 아니라 완성된 모습으로도 보게 될 것입니다.

우리에게 이보다 복된 순간이 있을까요? 더 이상 죄로 인해 눈물 흘리지 않아도 되며 하나님을 온전히 예배하고 섬기고 찬양하는, 하나님께서 영원토록 영광 받으실 그 순간이 우리에게 임합니다. 그러기에 하나님의 형상으로 우리가 지음 받음과 타락한 하나님의 형상이 새로워지고 완성되는 모든 것이 우릴 향한 하나님의 계획하심임을 알게 될 때, 우리가 얼마나 존귀한 존재인지를 온전히 깨달을 수가 있습니다.

2) 약속(행위 언약)과 죄

우리는 하나님을 알아가며 우리를 또한 알아갑니다. 그리고 그 첫 단계는 하나님을 앎으로 인하여 자신의 비참함과 무능을 발견하는 것입니다. 인간은 모두 죄로 인하여 치명적인 상처, 전적인 타락[24]에 이르게 되었습니다.

하나님은 분명 인간을 죄 없는 상태로 창조하셨습니다. 그러나 인간은 그 축복된 상태를 계속해서 유지하지 못했습니다. 하나님은 최초의 인간인 아담에게 양자택일의 선택권을 주셨습니다. 하나는 완전한 순종의 길이고 다른 하나는 불순종의 길이었습니다.[25] 하나님은 인간을 너무도 사랑하시어 인간을 위해 모든 좋은 것을 다 선물하셨고 인간은 하나님이 주신 모든 것을 누리기만 하면 됐습니다. 하나님이 아담에게 요구하신 것은 단 하나, '순종'이었습니다. 자발적인 선택으로 하나님의 언약을 지키기를 원하셨던 것입니다.

하나님은 인류의 대표인 아담과 하나의 약속을 하셨습니다. 그것이 바로 선악을 알게 하는 나무의 열매를 두고 맺은 언약인데 하나님이 정하신 명령과 약속을 지키면 영생을 얻고, 그것을 어기면 영원한 형벌을 받는다는 것입니다. 즉, 하나님은 선악을 알게 하는 나무의 열매에 대한 명령을 통해서 인간에게 하나님만을 섬기라는 순종의 의무를 주셨습니다.[26] 우린 이것을 **'행위 언약'**이라고 말합니다.

이때까지 아담은 하나님의 뜻을 따라 순종할 수도 있었고 자신의 뜻을 따라 불순종할 수도 있는 상태였습니다. 어떤 이들은 말합니다. "하나님은 왜 이런 약속을 우리에게 주셔서 인간이 타락하도록 하신거야?". 여러분, 하나님께서 자신을 낮추셔서 인간과 관계를 맺으신 것이 바로 이 언약입니다.

"우리가 무엇이기에 하나님께서 우리와 인격적인 관계를 가지십니까?"

---

24) 죄로 인하여 구원을 얻기 위해 어떤 선을 행하거나 선택하는 일에서 결코 참된 자유의지를 갖지 못하는 인간의 상태를 '전적 타락' 혹은 '전적 부패'라고 합니다.

25) (창2:16-17) 여호와 하나님이 그 사람에게 명하여 이르시되 동산 각종 나무의 열매는 네가 임의로 먹되 선악을 알게 하는 나무의 열매는 먹지 말라 네가 먹는 날에는 반드시 죽으리라 하시니라.

26) 신원균, p. 128.

아담은 하나님 앞에 인류의 대표자로서 약속하게 되었습니다. 그러나 이 약속은 지켜지지 못했습니다. 우리는 이것을 '죄'라고 합니다. 〈웨스트민스터 소요리문답 제14문〉은 이렇게 묻고 답합니다.

웨스트민스터 소요리문답 제14문
문: 죄가 무엇입니까?
답: 죄는 하나님의 법을 순종함에 부족한 것이나, 혹 어기는 것입니다.

하나님은 본성상 영원히 선하십니다. 하나님의 전 존재는 하나님의 도덕법과 완벽하게 일치합니다. 그러므로 하나님의 도덕법에 어긋나는 것은 무엇이나 하나님의 성품, 즉 하나님 자신과 어긋납니다. 하나님이 죄를 싫어하시는 이유는 죄가 하나님의 모든 것과 직접적으로 모순되기 때문입니다.[27]

우리는 결코 죄로 인해 하나님을 비난하거나 하나님께 죄의 책임이 있다고 생각해선 안 됩니다. 하나님은 악한 일을 바라실 수도 행하실 수도 없으신 분이십니다. 죄는 인간의 본성 자체가 아니라 본성의 타락으로부터 왔습니다. 죄는 인간의 본질로부터 필연적으로 기원하는 것이 아니라 인간이 자신의 자유의지에 따라 지은 죄행으로부터 말미암은 것입니다. 죄는 인간의 본질적인 속성으로부터 자연히 초래된 것이 결코 아닙니다. 멸망의 원인은 하나님께 있지 않으며 우리의 죄에 있습니다.

하나님께서 주신 자유의지로 선과 악을 선택할 수 있던 인간은 스스로 악을 선택한 것입니다. **우리는 분명히 알아야 합니다. 죄의 책임을 하나님께 두어서는 안 됩니다. 하나님은 죄와 함께할 수 없는 분이십니다.** 우리는 죄의 책임을 우

---

27) 웨인 그루뎀, 꼭 알아야 할 기독교 핵심 진리 20, p.89.

리 자신에게로 돌려야 합니다. 하나님은 사람을 정직하게 지으셨으나, 사람은 꾀를 낸 것입니다.[28]

우리의 자유의지와 하나님의 예정이 우리의 이성적인 판단에 있어 충돌하는 것은 사실입니다. 우리 편에서는 이해되지 않기에 불평할 수 있습니다. 그러나 하나님의 비밀적 섭리가 우리에게는 은밀한 것이지만 하나님께는 매우 조화롭고 자연스러운 것입니다. 타락한 우리는 그분의 비밀적 섭리를 이해할 수 없습니다. 더욱이 불공평해 보이기도 합니다. 그러나 우리는 하나님께선 우리를 심판하시는 재판장이시기 때문에 그분의 공정하심을 신뢰하며 신비한 하나님의 주권적 사역을 온전히 믿음으로 신뢰하는 것이 마땅합니다.

아담이 하나님과의 약속을 어겼고 이후 인간은 어떤 존재가 되었을까요? 성경은 아담의 범죄로 인하여 모든 사람이 본질상 진노의 자녀가 되었다는 것을 명백히 말해주고 있습니다.[29] 그 이유는 아담이 모든 인간을 대표해서 하나님과 맺은 언약을 어겼기 때문입니다. **이제 인간은 모두 진노의 자녀가 되었고, 영원한 저주에 머물게 되었습니다.**

이전엔 하나님의 뜻에 순종할 수도, 불순종할 수도 있었다면 이제 인간은 하나님의 뜻에 불순종할 수밖에 없는 존재가 된 것입니다. 이제 참된 자유의지는 인간에게서 사라진 것과 같습니다. 인간은 하나님의 뜻에 순종할 수도, 불순종할 수도 있는 존재였지만 이제 더 이상 그렇지 않습니다. 이젠 죄를 지을 수밖에 없는 존재가 된 것입니다.[30] 죄로 인하여 인간은 하나님을 기쁘시게 할 만한 아무 일도 할 수 없게 되었다는 뜻입니다. 인간 자신 안에는 영적으로 선한 것이 아

---

28) (전7:29) 내가 깨달은 것은 오직 이것이라 곧 하나님은 사람을 정직하게 지으셨으나 사람이 많은 꾀들을 낸 것이니라.

29) (롬5:12,19) 그러므로 한 사람으로 말미암아 죄가 세상에 들어오고 죄로 말미암아 사망이 들어왔나니 이와 같이 모든 사람이 죄를 지었으므로 사망이 모든 사람에게 이르렀느니라, 한 사람이 순종하지 아니함으로 많은 사람이 죄인 된 것 같이 한 사람이 순종하심으로 많은 사람이 의인이 되리라.

30) (롬3:12) 다 치우쳐 함께 무익하게 되고 선을 행하는 자는 없나니 하나도 없도다.

무엇도 없습니다. 그러므로 타락한 인간은 하나님 앞에서 어떤 영적인 선도 결코 행할 수 없습니다. 이것이 죄가 우리에게 안겨준 가장 큰 비참함입니다. 그 어떤 가능성도 인간에겐 없게 된 것입니다.

웨스트민스터 소요리문답 제19문

문: 사람이 타락한 상태에서 비참한 것이 무엇입니까?

답: 모든 인종이 타락함을 인하여 하나님과의 교제가 끊어지고, 또 그의 진노와 저주 아래 있게 되어 생전의 모든 비참함과 죽음과 영원한 지옥의 벌을 받게 된 것입니다.

죄로 인해 비참해진 인간의 결과는 다음과 같습니다.

첫째, 하나님과의 교제가 끊어졌습니다.[31]

영원하신 하나님과의 단절입니다. 하나님과의 관계가 복의 근원이자 생명의 근원인데 인간은 그러한 하나님과의 관계로부터 단절되었습니다. 우리는 하나님으로부터 우리의 모든 것을 채워야 하는 하나님 의존적인 존재입니다. 그러나 하나님과의 관계가 끊어지고 다른 것을 채운다 한들 결코 하나님의 빈자리는 채워지지 않습니다.

둘째, 하나님의 진노와 저주 아래에 있게 되었습니다.[32]

사도 바울은 자신을 포함한 모든 그리스도인이 과거에는 하나님께 불순종하고 육체의 욕심을 따라 살았다고 말했습니다. 그것은 하나님으로부터 분리되어

---

31) (창3:24) 이같이 하나님이 그 사람을 쫓아내시고 에덴 동산 동쪽에 그룹들과 두루 도는 불 칼을 두어 생명 나무의 길을 지키게 하시니라.

32) (엡2:3) 전에는 우리도 그 가운데서 우리 육체의 욕심을 따라 지내며 육체와 마음의 원하는 것을 하여 다른 이들과 같이 본질상 진노의 자녀이었더니.

죄성에 따라 사는 삶이었습니다. 하나님께서 원하시는 삶과는 근본적으로 거리가 먼 인생이 된 것입니다. 죄가 죄인 줄도 모르고 사는 삶이며 그 자체가 진노요 저주입니다. 그로 인해 스스로 율법의 정죄 아래 벗어날 수 있는 인간은 단 한 명도 없습니다. 아무도 없습니다.

셋째, 현세의 모든 비참함을 받게 되었습니다.

모든 인간은 죄 아래 있기에 미래에 주어질 것이라곤 지옥의 형벌밖에 없습니다. 또한 죄 가운데 살아가는 인류에게 질병과 기근, 전쟁과 재앙이 오는 것은 시간문제입니다. 그 시간은 길지 않습니다. 그러므로 성경에서는 인간의 생명을 그림자나 꿈, 밤의 파수꾼 등으로 비교하여 기술하고 있습니다.[33]

현세에서 인간은 어느 누구도 육체의 고통, 영혼의 슬픔을 온전히 피할 자가 없습니다. 이 비참함에서 벗어나는 것은 오직 하나님의 언약 안으로 다시 들어오는 것인데 그것은 자기 맘대로 들어오고 나갈 수 있는 것이 아닙니다. 그 죄의 값은 우리가 치를 수 없습니다. 그러나 그 죄의 값을 십자가에서 대신 지불하신 분이 계십니다. 그분이 예수 그리스도십니다. 그 죽음의 희생으로 성도는 새 언약으로 들어오게 된 것입니다. 그것이 구원입니다.

넷째, 모든 사람은 죽게 되었고 지옥의 형벌을 받게 되었습니다.

성경에서의 죽음은 세 종류입니다. 육신의 죽음, 영혼의 죽음, 그리고 지옥의 형벌을 받는 영원한 죽음입니다. 하나님과의 관계에서 단절된 인간 그 누구도 이러한 죽음을 면할 수 없게 되었습니다.

우리는 이러한 죄를 통하여서 인간은 오직 하나님과의 관계에 의존할 때에만, 하나님께 속해있을 때만 바로 설 수 있다는 것을 깨닫게 됩니다. 하나님과의 언

---

33) G. I. 윌리엄슨. p.88

약을 깨버린 인간에게 하나님께선 다시 언약을 맺으십니다. 이제부터 시작되는 이야기가 무엇일까요? 하나님의 '구원'에 관한 이야기입니다. 스스로 죄를 지어 비참함에 빠진 인간은 모두 구원이 필요합니다.

[학습 문제]

(1) 하나님의 형상 교리를 바르게 이해할 때 우리의 삶에 주어지는 유익이 무엇입니까?

(2) 칼빈은 삐뚤어진 하나님의 형상에 대해 어떻게 표현합니까? 또한 그 이유가 무엇입니까?

(3) 행위언약이 무엇입니까?

(4) 죄가 무엇입니까?

(5) 죄가 인간에게 가져다 준 비참함이 무엇입니까?

[기록과 나눔]

_ 새롭게 알게 된 것

_ 결단 할 것

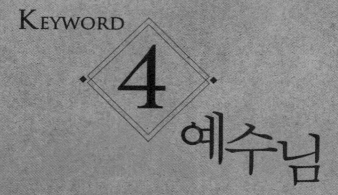

KEYWORD 4 예수님

1) 다른 이름은 없다

우리에게는 세상을 구원하시는 예수님 외에는 다른 구세주가 없습니다.[34] 스스로 죄에 빠진 인간은 스스로 어떠한 노력의 발버둥을 친다고 할지라도 더욱더 깊은 죄악으로 빠지는 것밖에는 할 수 있는 일이 없습니다. 즉, 우리가 죽고 사는 문제에 대한 해결, 구원에 관한 문제는 결코 우리에게 답이 존재할 수 없다는 뜻입니다. 어느 인간도 서로의 죄를 대신 짊어질 수 없습니다. 해결해 줄 수 없습니다. 그러나 하나님과 인간 사이의 영원한 중보자가 되신 분이 계십니다. 그분이 예수 그리스도십니다.

우리가 예수님을 믿느냐 믿지 않느냐는 우리 인생 전체가 달린 중요한 문제입니다. **성경은 우리에게 예수 그리스도 외에는 결코 구원이 없음을 명백히 말해 줍니다.** 우리는 과거에 오신, 그리고 앞으로 오실 그리스도를 바라봅니다. 이는 구약 시대, 신약 시대, 지금, 그리고 앞으로도 동일합니다. 그리스도 없는 구원은 없으며, 그리스도를 벗어난 구원도 없습니다. 수많은 이름을 의지한다 해도 그것은 우리를 죄의 비참함으로부터 건져낼 수 없습니다. 오직 예수 그리스도뿐입니다.

2) 은혜 언약

웨스트민스터 소요리문답 제20문

문: 하나님께서 모든 사람을 죄와 비참한 상태에서 멸망하게 내버려 두셨습니까?

답: 하나님께서는 다만 자기의 선하신 뜻대로, 영원 전부터 어떤 자들을 영생하도

---

34) (행4:12) 다른 이로써는 구원을 받을 수 없나니 천하 사람 중에 구원을 받을 만한 다른 이름을 우리에게 주신 일이 없음이라 하였더라.

록 선택하시고, 은혜의 언약을 세우사 구속자로 말미암아 그들을 죄와 비참한 상태에서 건져내어 구원의 자리에 이르도록 하셨습니다.

우리는 이제까지 인간이 본래 하나님의 형상에서부터 타락하여 죄 있는 상태와 비참한 처지에 이르게 된 것을 살펴보았습니다. 그리고 우리는 인간의 비참함을 깨닫는 데서 우리의 앎이 그치는 것이 아니라 성경을 통하여 죄인들을 향한 하나님의 놀라운 자비를 배우게 됩니다. 우리는 이를 통해 선택된 자들을 하나님이 어떻게 죄와 비참한 상태에서 구원의 상태로 옮기셨는가를 보게 됩니다.[35]

범죄한 인간의 유일한 도피성은 하나님의 자비와 은혜뿐입니다. 죄와 비참의 상태에서 인간을 탈출하게 할 수 있는 것도 역시 하나님의 능력뿐입니다. 그래서 개혁교회들은 이러한 무조건적 선택 교리에 대해서 다음과 같이 설명합니다.

첫째, 하나님은 버려진 모든 자들 가운데서 어떤 자들을 구원받도록 선택하셨다. 둘째, 하나님은 그들 속에 있는 어떤 선한 것 때문에 그들을 택하지 않으셨다. 하나님은 어떤 조건이 택자에게서 발견되기 때문에 선택한 것이 아니다. 하나님의 선택은 무조건적이다. 셋째, 하나님은 이들이 오직 예수 그리스도만을 통해서 구원받도록 택하셨다. 즉, 그들은 적당한 때에 그리스도께 인도되고, 의로워지고, 하나님의 양자가 되기 전에는 구원을 받을 수 없다. 넷째, 무조건적 선택은 영원 속에서 이루어졌다. 다시 말하면 이 선택은 이 사람들이 태어나기도 전에, 심지어는 이 세상이 만들어지기도 전에 이들을 구원하시려는 하나님의 작정이었다.

---

35) G. I. 윌리엄슨, p. 92.

죄인들이 이 교리보다 더 싫어하는 교리는 없습니다. 그럼에도 불구하고 성경에 이보다 더 명확하고 정확하게 가르쳐진 교리도 없습니다. 성경은 하나님께서 창세 전에 그리스도 안에서 우리를 택하셨고 그로 인하여 하나님의 아들이 되게 하심을 분명히 말해줍니다.[36] 또한 예수님은 제자들에게 너희들이 나를 택한 것이 아니라 내가 너희를 택한 것이라고 말씀하셨습니다.[37]

무조건적 선택 교리를 잘못 이해할 때 우리는 구원을 '자동적'인 것으로 이해하기 쉽습니다. "만약 하나님이 나를 구원하셨다면 나는 어떤 삶을 살든지 구원을 받을 거야"라고 말하는 자세입니다. 이는 구원 받은 성도의 자세가 아닙니다. 성경은 인간이 자동적으로 구원 받는다고 가르치지 않습니다.

성경은 우리에게 그리스도 안에서 택하셨다고 가르치고 그를 믿으라고 분명하게 말합니다. **하나님의 주권과 인간의 책임은 하나님의 신비한 일하심 가운데 균형(조화)을 이룹니다.** 인간의 이성으로 이해되지 않는다 할지라도 그러합니다. 그러기에 하나님께서 우리에게 믿음을 주실 때, 우리가 스스로 믿음을 고백하는 일이 일어나는 것입니다. 허나 우린 우리가 스스로 믿음을 자발적으로 고백할 수 있었다고 말하지 않습니다. 하나님께서 믿음을 주사 우리가 고백할 수 있었다고 말하게 됩니다.

진정 구원의 은혜를 경험했다면 우리는 구원을 마치 자동적인 것으로 오해할 수 없습니다. 쉽게 예를 들자면, 우리의 몸에 뜨거운 물을 부었을 때, 우린 어떠한 반응을 보입니까? "앗 뜨거워!" 반응하기 마련입니다. 구원이 그러합니다. 구원의 은혜를 경험했을 때, 우리는 구원의 은혜를 경험한 삶답게 살아가게 됩니다. 하나님 앞에 결코 무책임하게 서지 않고 주신 은혜에 감사하며 은혜로 인한

---

36) (엡1:4-5) 곧 창세 전에 그리스도 안에서 우리를 택하사 우리로 사랑 안에서 그 앞에 거룩하고 흠이 없게 하시려고 그 기쁘신 뜻대로 우리를 예정하사 예수 그리스도로 말미암아 자기의 아들들이 되게 하셨으니.
37) (요15:16) 너희가 나를 택한 것이 아니요 내가 너희를 택하여 세웠나니 ….

삶을 살아가는 것입니다.

우리는 첫 인류의 죄악에 대해 나누며 **'행위 언약'**을 함께 나눴습니다. 우리는 행위 언약을 통해 아무도 이유 없이 죄의 비참함에 빠진 것이 아님을 보았습니다. 죄와 비참함의 상태에 놓인 모든 인간은 아담이라는 대표자와 연합되어 아담 안에서 범죄하고 첫 범죄로 타락했기 때문에 그러한 상태가 된 것입니다. 하나님은 원래 언약 안에서 온 인류의 대표자인 아담을 통해서 인간을 대하셨던 것과 같이, 지금은 **'은혜 언약'** 안에서 새로운 하나님의 백성들의 대표자인 둘째 아담, '예수 그리스도'를 통하여 택하신 자들을 대하십니다.

행위 언약과 은혜 언약은 유사점도, 차이점도 존재합니다.[38] 이 두 언약의 유사점은 첫째, 이 언약의 창시자가 하나님이시라는 점입니다. 둘째, 언약 계약의 당사자가 하나님의 인간이라는 점입니다. 셋째, 조건과 약속이 있다는 점입니다. 넷째, 약속의 내용이 영생이라는 점입니다. 다섯째, 하나님의 영광이 그 언약의 목적이라는 점입니다.

이에는 차이점도 존재합니다. 첫째, 행위 언약에서는 하나님이 창조주이자 주로서 나타나는 반면, 은혜 언약에서는 구속주와 아버지로서 나타납니다. 둘째, 행위 언약에서의 인간은 하나님과 바른 관계를 맺고 있는 하나님의 피조물인 반면, 은혜 언약에서는 타락하여 오직 확실한 보증인이 되시는 그리스도 안에서만 언약의 당사자로 나타날 수 있는 죄인으로 나타납니다. 셋째, 행위 언약은 가변적인 인간의 불확실한 순종을 조건으로 하고 있는 반면, 은혜 언약은 중재자로서의 그리스도의 절대적으로 확실한 순종을 조건으로 하고 있습니다. 넷째, 행위 언약에서는 율법을 지키는 것이 생명의 길입니다. 하지만 은혜 언약에서는 예수 그리스도를 믿는 것이 생명의 길입니다. 다섯째, 행위 언약은 부분적으로

---

38) 루이스 벌코프, pp. 496-497.

는 본성적으로 감지할 수 있습니다. 왜냐하면 하나님의 율법이 인간의 마음에 기록되었기 때문입니다. 그러나 은혜 언약은 특별한 적극적인 계시를 통해서만 알 수 있습니다.

이러한 은혜 언약을 정리하자면 이렇습니다.

은혜 언약은 하나님께서 하나님의 신실하심을 근거로 인간을 구원하는 하나님의 목적을 이루시기 위하여, 자기 백성에게 줄 생명의 약속을 받으려고 그리스도가 모든 율법의 모든 요구를 이루는 것이 언약의 조건이 되는 것이며, 예수 그리스도가 대속자가 되어 준 모든 자들에게 영원한 생명을 허락해주시는 것입니다. 그러므로 오직 그리스도와 연합할 때에만, 구원이 죄인들에게 주어집니다. 이것은 회개하고 믿지 아니하면 그 누구도 아무런 유익, 구원을 얻지 못함을 뜻합니다.

우리는 이러한 하나님의 자비하신 언약을 '**은혜 언약**'이라고 부릅니다. 죄의 비참함에서 벗어나 하나님의 아버지 되심을 믿음으로 고백하게 된 이 언약을 우린 그저 은혜로 고백할 뿐입니다. 이러한 **은혜 언약의 특성**[39)]이 있습니다.

첫째, 은혜 언약은 은혜로운 언약입니다. 왜냐하면 이 언약은 흔들림 없기 때문입니다. 하나님께서 우리에게 부과된 의무의 실행을 직접 보증해 주시기 때문입니다. 흔들리는 우리에게 흔들리지 않으시는 성자 하나님께서 찾아오사 성부 하나님의 요구에 완전한 순종을 하십니다. 또한 성령 하나님께서 하나님과의 언약에 근거하여 부과한 책임을 수행하는 삶을 우리로 하여금 살아가게 하십니다. 믿게 하시며, 살아내게 하십니다. 언약은 하나님의 은혜에서 시작되었으며, 하나님의 은혜에 힘입어 시행되었으며, 하나님의 은혜에 의하여 죄인들의 삶 속에 구현되었습니다. 죄인인 우리에게 있어서 이것은 처음부터 끝까지 오직 은혜입

---

39) Ibid., pp. 501-506.

니다.

둘째, 은혜 언약은 삼위일체적인 언약입니다. 은혜 언약에는 삼위 하나님이 작용하십니다. 이 언약은 성부의 선택하시는 사랑에 그 기원을 두고 있으며, 아들의 보증건에 법적인 근거를 두고 있으며, 성령의 효과적인 적용에 의해서만 죄인들의 삶 속에 완전하게 구현될 수 있습니다. 그래서 언약 교리는 놀라운 방식으로 구원의 전체 사역 가운데 있는 하나님의 주권을 주장합니다. 이것은 그리스도가 아담을 능가하는 정도로 행위언약을 훨씬 초월합니다. 하나님의 삼위적 본질은 창조에서보다 훨씬 더 선명하게 재창조에서 계시됩니다. 구원을 계획하고 원한 분은 성부 하나님이시며, 구원을 보증하고 실재적으로 획득한 분은 성자 하나님이시며, 구원을 수행하고 적용하는 분은 성령 하나님이십니다. 이구원의 전 사역에서 인간의 것은 전혀 개입하지 않습니다. 이것은 전적으로, 그리고 오로지 하나님의 사역입니다. 순전히 은혜이며 과분한 구원입니다.[40]

셋째, 은혜 언약은 영원한, 따라서 파기되지 않는 언약입니다. 이 언약이 영원하다는 것은 결코 이 언약은 파기될 수 없다는 뜻을 함축합니다. 하나님은 영원한 그의 언약에 충실하시며, 선택받은 자 안에서 언약을 완전히 실현시키실 것입니다.

넷째, 은혜 언약은 특별한 언약입니다. 이 언약은 모든 사람에게 제공되는 언약이 아닙니다. 새롭게 우리에게 주어진 이 언약은 하나님께서 택하신 자들에게만 주어지며 이루어지고, 또한 그러기에 어느 한 영역 및 민족에게만 국한되는 것이 아니라 보편적으로 유대인, 이방인 할 것 없이 오직 하나님의 기쁘신 뜻대로 선택받은 자들에게만 임하는 특별하고도 보편적인 언약입니다.

---

40) 헤르만 바빙크, 개혁교의학 3, 박태현 역, 부흥과개혁사, 2011, p. 278.

다섯째, 은혜 언약의 시행의 형식은 변할지라도, 본질은 시대를 초월한 동일성을 갖습니다. 언약의 핵심은 구약과 신약을 막론하고 동일합니다. "내가 너의 하나님이 되리라"는 하나님의 말씀을 신뢰하며 하나님의 아버지 되심, 보호하심을 생각하며 견디고 극복하는 자세를 지니는 것입니다. 언약 백성들은 지상의 복들에 빠져 하나님을 섬기는 일에 게을리 하지 않습니다. 늘 겸손함을 유지합니다. 설령 이 땅에서 눈에 보이는 복을 받지 못할지라도 하나님을 원망하지 않고, 아무리 물질적인 복을 넘치도록 받아도 자랑하거나 뽐내지 않습니다. 하나님께서 그분의 방법으로 행하실 것을 굳게 신뢰합니다. 이러한 언약의 중재자는 어제나 오늘이나 영원토록 동일합니다. 이 언약 외에 다른 곳에서는 구원이 있을 수 없습니다.[41] 언약 안에서 나타난 구원의 길은 동일합니다. 신자들이 소망하는 약속의 성취도 동일합니다.

	유사점	차이점
구약	- 실체: 그리스도 - 영생의 은혜 언약	오실 예수님을 중보자로 믿음 : 모양, 형상, 모형, 그림자
신약		오신 예수님을 중보자로 믿음 : 몸 자체

※ 참고: 구약과 신약의 유사점과 차이점(언약의 관점으로)

여섯째, 은혜 언약의 내용은 조건적인 동시에 무조건적입니다. 어떤 의미에서 이 언약은 무조건적입니다. 은혜 언약 안에는 공로의 의미를 가진 조건은 없습

---

41) (요14:6) 예수께서 이르시되 내가 곧 길이요 진리요 생명이니 나로 말미암지 않고는 아버지께로 올 자가 없느니라.

니다. 죄인은 회개하고 믿음을 갖도록 권고받습니다. 그러나 믿음과 회개가 언약의 복을 받는 공로가 될 수는 없기 때문입니다. 언약 안에 있는 조건은 영생을 누리도록 선택받은 자들에게 주어진 일종의 약속이며, 하나님의 선물이기 때문입니다.

그리고 다른 의미에서 이 언약은 조건적이라고 불릴 수 있습니다. 언약의 기초를 살펴볼 때, 우리는 언약이 예수 그리스도의 보증에 근거하고 있음을 알 수 있습니다. 은혜 언약을 소개하기 위하여 그리스도는 자신의 능동적이고 동시에 수동적인 순종을 통하여 행위 언약이 규정한 조건들을 충족시켜야 했고 실제로 충족시키셨습니다.

다시 말하면, 언약은 인간이 최초로 의식적인 언약 관계 안에 들어가 실제로 생명의 교제를 갖는다는 의미에서 조건적입니다. 이와 같은 믿음에 따라 좌우되는 것입니다. 그러나 이 **믿음은 하나님의 선물**입니다. 우리는 이 균형을 잃어서는 안 됩니다. 개혁교회는 종종 은혜 언약과 관련하여 '조건'이라는 말을 사용하는 것을 반대해왔습니다.

그러나 은혜 언약과 관련하여 조건이라는 말을 사용하는 것은 정당한 일입니다. 왜냐하면 이것이 성경이 분명하게 가르치는 바로써, 언약 생활에 들어가는 것은 믿음을 그 조건으로 하기 때문이며 아무런 조건도 없다면 오직 하나님만이 언약에 매이게 되며, 인간을 매는 언약의 조항은 없어지고 말기 때문입니다. 그 결과, 은혜 언약은 언약으로서의 특성을 상실하게 됩니다. 왜냐하면 언약은 두 당사자로 구성되기 때문입니다.

마지막 일곱째, 은혜 언약은 어떤 의미에서는 유언이라고도 불릴 수 있습니다. 이 언약이 유언으로 불릴 수 있는 이유는 그것이 전체적으로 볼 때 하나님의 선물이며, 신약의 언약 시대가 그리스도의 죽음과 더불어 시작되었고, 그것은 확고하고 깨어질 수 없는 것이요, 그것을 통하여 하나님 자신이 인간에게 요구하신 바를 주시기 때문입니다.

예수님은 성경에서 이러한 언약의 중보자로 표현됩니다. 다른 어떤 부분보다도 은혜 언약에 관한 부분을 지금까지 길게 나눈 이유는 이것이 복음의 핵심이며 하나님의 언약을 바르게 아는 것이 하나님의 아버지 되심을 온전히 신뢰하는 바른 신앙이기 때문입니다. 예수님은 자신의 희생 제사에 근거하여 하나님과 인간을 하나로 묶는 역할을 수행하는 중보자십니다.

예수님은 하나님께 속한 일과 인간에게 속한 일을 모두 수행하십니다. 예수님은 죄책을 속함으로써 하나님의 의로운 불쾌함을 달래시며, 아버지가 자신에게 주신 자들을 위하여 간구하시며, 그들의 인격과 봉사를 하나님이 받으실 만한 것으로 만들어주십니다.

또한 예수님은 하나님에 관한 진리, 그리고 인간들이 하나님과 맺고 있는 관계와 하나님이 받으실 만한 조건들에 관한 진리를 인간들에게 보여주시며, 인간들을 설득하고 능력을 주어서 진리를 받아들이도록 만드시며, 모든 삶의 상황에서 신자들을 지도하고 지원하심으로써, 신자들의 구원을 완성시키십니다. 이 일을 이루실 때 하나님은 인간을 사역의 도구로 사용하십니다.[42]

3) 완전한 신이자 완전한 인간(예수님의 위격)

우리는 창세 전에 '그리스도 안에서' 우리를 예정하신, 선택하신 은혜를 나누었습니다. 그렇다면 이제 우리를 향한 구원을 알기 위해서 우리가 가장 먼저 알아

---

42) (고후5:20) 그러므로 우리가 그리스도를 대신하여 사신이 되어 하나님이 우리를 통하여 너희를 권면하시는 것 같이 그리스도를 대신하여 간청하노니 너희는 하나님과 화목하라.

야 할 것은 무엇일까요? 우리는 과연 예수님은 누구신지에 대한 물음표를 던지고 답을 찾아야 합니다.

종교개혁자 칼빈은 하나님의 구속사역을 온전히 이해하려면 우리가 예수님의 신성에 대해서 분명히 알아야 할 것을 강조했습니다. 만일 예수님께서 하나님이 아니시라면, 신이 아니시라면 예수님의 사역은 완전하지 않을 것이고, 즉 구원이 예수님으로 온전하지 않기에 우리가 보탤 것이 필요하다는 의미가 되는 것입니다.

교회 역사 2,000년 내내 이런 헛된 주장을 하는 사람들이 있었습니다. 그리고 이런 자들은 항상 이단자들로 정죄 받았습니다. 칼빈은 이 사실을 간파하여 분명하게 그리스도의 하나님 되심을 설명합니다. 예수님께서는 완전한 하나님이시자 완전한 인간이셔야만 했습니다. 그 이유가 무엇일까요? 우리는 예수님께서 완전한 하나님이시자 완전한 인간이셔야만 하셨던 이유를 성육신[43]의 필요성과 필연성에 대해 먼저 나눈 후, 인성의 필요성과 신성의 필요성을 나누며 정리하고자 합니다.

3-1) 성육신의 필연성

죄를 용서받기 위해서는 희생제물이 피를 흘려야 합니다.[44] 구약 시대 이스라엘 백성들은 죄들을 용서받기 위해 희생 제물을 드렸습니다. 제물을 드리는 가운데 그들은 예수님께서, 즉 하나님께서 인간이 되셔서 희생 제물이 되심을 희미하게나마 그림자로 바라보았습니다. 단순히 동물의 피 흘림으로 죄를 용서받

---

43) 하나님의 아들이신 그리스도께서 사람이 되신 것을 '성육신'이라고 합니다.
44) (히9:22) 율법을 따라 거의 모든 물건이 피로써 정결하게 되나니 피흘림이 없은즉 사함이 없느니라.

은 것이 아니라, 장차 오실 그리스도의 보혈로 말미암아 죄의 용서가 이루어짐을 믿은 것입니다.

칼빈은 중보자 그리스도가 구속자로 오셔야 할 필연성을 '중보자 없이'라는 구절을 반복함으로써 다음과 같이 강조하고 있습니다.

첫째, '중보자 없이는' 하나님을 아는 지식을 얻을 수 없습니다. 이 세상의 지혜로는 결코 하나님을 알지 못합니다. 영생을 얻는 유일한 길은 아들을 통해서 하나님을 아는 데 있습니다. 믿음으로 아들을 아는 것이 하나님의 아버지 되심을 경험하는 유일한 방편입니다. 오직 그리스도만이 우리를 위한 유일한 구원의 문이자 생명의 진리가 되신 것입니다.

둘째, '중보자 없이는' 택함도 없으며 사함도 없습니다. 예수님의 중보는 신, 구약 전체 구속사에 나타납니다. 이에 대해 칼빈은 〈기독교강요 2권 6장 2항〉에서 이렇게 말합니다. "중보자 없이는 하나님이 인류를 향한 자비를 보이실 수 없으시다. 율법 아래에서 산 믿음의 조상들에게도 그리스도는 자신들의 믿음을 두어야 할 목표였다."(기독교강요 2권 6장 2항). 예수님은 자신으로 말미암아 모든 민족이 축복받게 될 '씨앗'이셨습니다. 우리는 모두 그분 안에서 하나님의 백성으로 예정된, 선택된 것입니다. 하나님께선 예수 그리스도로 위를 잇게 하사 우리 또한 상속자가 되게 하셨습니다.

셋째, '중보자 없이는' 아무도 하나님께 나아갈 수 없습니다. 하나님께 이르는 오직 한 길은 믿음입니다. 그리고 예수님께서 파할 수 없는 견고함으로 성도의 믿음을 지키십니다. 하나님은 자신의 백성을 예수님을 보고 자신을 믿게 하셨습니다. 예수님께선 모든 믿는 자에게 의를 이루기 위하여 율법의 마침이 되셨으므로 오직 그분을 믿는 믿음으로 구원에 이른 성도만이 율법에 계시된 하나님의 뜻을 깨달아 행하는 자리에 서게 됩니다. 〈기독교강요 2권 6장 4항〉에서 칼빈은 이렇게 말합니다.

"하나님 자신은 무한하시지만, 우리의 마음이 그 광대무변한 영광에 압도되지 않도록 아들 안에서 유한하게 되시고 우리의 작은 척도에 자신을 맞추셨다."

(기독교강요 2권 6장 4항)

3-2) 성육신의 필요성

하나님의 영원하신 구원 계획, 작정에 따라 예수님께서 대속의 의를 이루기 위해서는 성육신이 꼭 필요했습니다. 성육신의 필요성은 다음과 같습니다.

첫째, 사람에게는 하나님께 올라갈 힘이 없음으로 그분이 우리에게 내려오셔야 했습니다. 예수님 안에서는 하나님의 신성과 사람의 인성이 서로 연합되었습니다. 오직 예수님만이 완전한 하나님과 완전한 인간이 되십니다. 예수님만이 사람이시되 죄가 없으셨으므로 평화를 위한 중재자가 되신 것입니다. 예수님께서 중보자가 되시므로 우리가 그분과 함께 하나님의 자녀가 되며 하나님의 나라의 상속자가 된 것입니다. 예수님께서 우리와 동일한 인간이 되신 것은 우리에게 자신을 내어주시기 위함입니다. 그러므로 성육신은 우리에게 가장 유익한 일이 됩니다.

둘째, 하나님의 아들이 사람의 아들로서 구원자가 되신 것은 신인양성의 중보 사역을 이루기 위해서였습니다. 예수님께서 우리와 공통된 본성, 인성을 지니심이 우리를 자신과 하나로, 그리고 그분의 승리를 우리의 것으로 삼으시는 연합체의 보증이 되십니다.

칼빈은 〈기독교강요 2권 12장 3항〉에서 이에 대해 이렇게 말합니다.

"우리 주님은 아담의 자리에서 하나님께 복종하기 위해서 참 사람으로 나타나셨고, 아담의 인격을 입으셨고, 그의 이름을 취하셨다. 이는 우리의 육체를 하나님의 의로운 심판을 위한 무름의 값으로 제시하시면서, 우리가 마땅히 받아야 할 죄의 값을 우리와 동일한 육체 가운데서 지불하고자 하심이었다. … 요약하면, 하나님으로서 홀로 죽음을 겪을 수 없고, 사람으로서 홀로 그것을 이길 수 없기 때문에, 인간의 본성에 하나님의 본성을 연합하사 죄를 대속하기 위해서 인성의 약함을 죽음에 내어주고자 했으며 신성의 능력으로 우리를 위해서 죽음과 씨름하면서 승리를 얻고자 하셨다." (기독교강요 2권 12장 3항)

예수님께서는 중보자의 역할을 다하기 위해서 참 인성을 취하셨습니다. 그분은 아브라함과 다윗의 자손으로, 즉 인간의 후손으로 오신 참 인간이셨습니다. 우리는 예수님의 인성에 대해서 다음과 같은 사실을 주목해야 합니다.

첫째, 예수님은 사람의 아들로 나셨습니다. 둘째, 예수님은 영원한 왕좌가 약속되었습니다. 셋째, 예수님은 중보자로서 우리의 본성, 인성을 지니심으로 우리에게 자비하고 충성스러운 중보자가 되셨습니다. 넷째, 아버지께서 아들에게 주신 모든 것이 우리에게 속하였습니다. 주께서 자신의 몸을 드리심으로 우리가 그와 함께 한 몸으로 자라가게 되었습니다.

참된 하나님인 동시에 참된 인간, 우리는 이 두 본성의 결합이 어떠한 것인지는 구체적으로 분명하게 이해할 수 없습니다. 이러한 두 본성의 결합은 인간의 언어로 표현할 수 없고, 인간의 지성으로는 도저히 이해하지 못합니다. 그저 두 본성이 계시다는 것 외에 다른 설명이 필요하지 않고, 달리 설명할 방법도 없습니다. 진리는 설명하는 것이지 이해하는 것이 아니기 때문입니다.

3-3) 예수님의 두 위격에 대한 정리

오늘날 많은 사람이 예수님의 신인양성에 대한 중요성을 느끼지 못하고 있습니다. 또한 많은 이단, 사이비들의 기독론과 개신교의 기독론의 큰 차이를 알지 못하고 넘어갈 때가 많습니다. 대부분의 이단, 사이비들에게 있어 예수님은 일개 인간에 불과합니다. 그러기에 예수님의 두 위격, 신성(신격)과 인성(인격)에 대해서 바르게 아는 것은 우리의 신앙이 흔들리지 않게 하기 위해서도 중요하며 우릴 향한 구원을 더욱 풍성한 은혜로 누릴 수 있게 하는 너무나도 중요한 신앙의 기반이라고 할 수 있습니다.

결론적으로 우리의 구원자 되시는 예수님께서 성육신하사 신성과 인성이라는 두 위격을 가지신 이유에 대해서 정리하자면 이렇습니다.

(1) 인성의 필요성

첫째, **형벌을 담당하기 위하여** 인성이 필요합니다. 예수님께서는 인간이 받을 형벌을 대신 받으시기 위하여 이 땅에 오셨습니다. 그 형벌은 인간이 범한 죄의 대가이기에 인간이 받아야만 합니다. 죄의 삯은 사망이기 때문입니다.[45] 죄는 인간이 지었고, 그러기에 인간이 죽어야만 했습니다. 이것은 필연적인 것입니다. 따라서 예수님께서는 이 형벌을 대신하기 위하여 인간이서야만 했습니다.

둘째, **시험받은 자를 구출하기 위하여** 인성이 필요합니다. 예수님은 인성을

---

45) (롬6:23) 죄의 삯은 사망이요 하나님의 은사는 그리스도 예수 우리 주 안에 있는 영생이니라.

취할 뿐만 아니라, 인간의 비참한 상태의 밑바닥까지 내려가셨습니다. 그리하여 모든 일에 인간과 같이 되셨습니다. 그것은 시험받는 자를 도우시기 위함입니다. 오직 인류의 고통을 체험적으로 알고 일체의 시험을 극복한 진정한 인간인 중보자만이 인간의 모든 경험, 환난, 유혹을 함께 아파하고 고통하실 수 있으시고 그를 따르는 자들의 완벽한 인간적 모범이 되실 수 있기 때문입니다.

셋째, **죄의 대속을 위하여** 인성이 필요합니다. 예수님께서는 동시에 죄 없는 사람이어야 했습니다. 그 이유는 죄 있는 사람으로서는 결코 인간의 죄를 대속할 수 없기 때문입니다. 스스로 죄인이고 자신의 생명을 상실한 인간은 타인을 위해 속죄할 수 없음이 분명하기 때문입니다. 이러한 이유들로 예수님께서는 완벽한 인간이셔야만 했습니다.

(2) 신성의 필요성

첫째, **무한한 가치의 제사와 율법의 완전한 순종을 위하여** 신성이 필요합니다. 그리스도가 무한한 가치의 제사, 즉 영원한 효력을 가진 제사를 단번에 드리기 위해서는 그는 완전한 하나님이셔야만 했습니다. 또 율법에 완전히 순종하기 위해서는 하나님이셔야만 했습니다. 왜냐하면 인간은 결코 이런 제사와 순종을 드릴 수 없기 때문입니다.

둘째, **하나님의 진노에 대처하기 위하여** 신성이 필요합니다. 인간의 범죄로 말미암은 하나님의 진노는 인간의 어떤 행위와 보상으로도 무마시킬 수 없습니다. 그리하여 그 진노로부터 하나님의 백성들을 해방시키기 위해서는 중보자이신 예수님은 하나님이셔야만 했습니다.

셋째, **구속의 효과를 적용하기 위하여** 신성이 필요합니다. 예수님께서는 이미 성취하신 사역의 성과, 십자가의 구속을 부활 승천하시어 보혜사 성령을 보내심으로 그 구속의 효과를 각 개인에게 적용하십니다. 믿음으로 예수님을 영접하는 사람들에게 은혜를 베푸시기 위해서 보혜사 성령을 보내시기 위해서는 예수님은 하나님이셔야만 했습니다.

영적으로 파산되어 삶에 짓눌린 인간은 죄의 삯을 지불할 힘도, 하나님께 온전히 순종할 능력도 없습니다. 그로 인하여 하나님의 진노를 당할 수밖에 없으며, 구속의 은혜가 아니라면 영원히 진노 아래 있어야 하겠지만, 이로부터 탈출구를 스스로 개척하기까지 인내할 능력을 갖추지 못한 존재입니다.

그러나 그러한 우리를 위하여 하나님이신 예수님께서 인간의 몸과 본성을 입고 이 땅에 오사 우리를 위하여 십자가 사역을 이루셨습니다. 우리는 스스로 할 수 없는 그 일들을 주님께서 우리를 대신하여 이루시고, 우리는 결코 거할 수 없는 그 자리로 우리를 인도하셨습니다. **우리는 그 놀라운 예수님의 사역을 '구원'이라 말하며 '은혜'라고 고백할 뿐입니다.**

예수님께서는 능력 없는 인간이 아니셨고, 부족한 하나님이자 부족한 인간이 아니셨으며, 완벽한 하나님이시자 완벽한 인간이셨습니다. 그로 인하여 하나님의 구원 계획을 모두 이루셨으며 우리에게 놀라운 선물을 허락하셨습니다.

"예수님은 우리의 구원자 되십니다."

4) 그리스도(예수님의 직분)

성경에서 이름은 매우 중요한 의미를 가집니다. 하나님은 아담의 이름을 지으시고 그로 하여금 모든 생물들의 이름을 짓게 하셨습니다. 이름은 부르기 위해 만드는 것이지만 사실은 성경에서 나오는 하나님의 뜻과 계획이 포함되어 있는 경우가 많습니다.[46]

'예수'라는 이름에도 뜻이 있습니다. 먼저 예수는 히브리어로 '예수아', '여호수아'라는 표현인데 이 말은 '구원자'란 뜻입니다. 즉 예수님은 죄에서 우리를 구원하실 자라는 것입니다. 신약에서 예수님이 태어나실 때 "아들을 낳으리니 이름을 예수라 하라 이는 그가 자기 백성을 저희 죄에서 구원할 자이심이라 하니라"(마1:21)는 말씀처럼 구원자라는 이름을 붙여 주었습니다.[47]

'그리스도'란 히브리어로 '메시아'인데 이는 '기름 부음 받은 자'라는 뜻입니다. 구약시대에는 선지자, 제사장, 왕을 임명할 때 성령의 상징인 기름을 부어 세웠습니다. 이런 면에서 예수님께서 그리스도 되심은 우리의 선지자 되시고, 제사장 되시고, 왕 되심을 의미합니다.

참된 하나님이시면서 참된 인간이신 그리스도는 우리를 구속하시기 위해 세 가지 직무, 즉 선지자, 왕, 제사장 직무를 수행하셨습니다.

첫째, 그리스도는 **선지자** 직분을 감당하셨으며 지금도 감당하십니다. 구약 백성은 선지자를 통해 유익한 가르침과 구원에 충분한 것들을 들었지만 메시아가 오셔서 지식에 충만한 빛을 비춰주실 것을 소망했습니다. 사마리아 여인과 같이 그들도 기름 부음을 받은 자가 오시면 모든 것을 알게 될 것이라고 믿었습니다.

---

46) 신원균, p.145.
47) 같은 책.

[48]주님은 친히 부어주신 진리의 성령의 역사를 통해 가르치는 사역을 지금도 하시는 선지자 되시는 분이십니다.

둘째, 그리스도께서는 우리의 **왕**이십니다. 왕의 직무란 지상의 삶에만 제한되지 않습니다. 그리스도의 왕직은 지상적이지 않고 영적입니다. 그 효력과 혜택은 영적입니다.[49] 왕은 신하와 백성을 끝까지 보호하고 그들은 왕에게 충성을 맹세합니다. 그리스도는 세상 끝날까지 우리와 함께하신다고 약속하셨습니다. 그리스도의 왕권은 단지 지배하는 것이 아니라 성령의 선물들로 내적으로, 외적으로 채워주심을 의미합니다. 그러한 성령의 임재로 인하여 우리는 그리스도로 인하여 우리에게 전가된 그리스도의 의의 옷을 입은, 그분의 통치 아래 거하는 삶을 살게 되는 것입니다.

셋째, 우리의 구속을 위해 그리스도께서는 **제사장**의 직무를 수행하셨습니다. 그리스도께서는 자신의 거룩하심으로 우리를 하나님과 화목하게 하십니다. 주의 거룩하심은 오직 대속의 역사를 이루기 위함입니다. 주께서 우리를 위한 속죄물이 되셨고, 제사장으로서 친히 자신을 하나님께 제물로 드리셨습니다. 제사장들은 철저하게 백성을 위했습니다. 그리스도는 우리를 위해 모든 일을 하십니다. 제사장은 백성을 위해 기도했다면 그리스도께서는 우리를 위해 대언의 기도를 하십니다. 더 나아가 그분은 자신을 희생 제물로 드리셨을 뿐만 아니라 단번에 드리심으로 완전한 구속 사역을 성취하셨습니다.

이를 표로 정리하자면 다음과 같습니다.

---

48) (히1:1-2) 옛적에 선지자들을 통하여 여러 부분과 여러 모양으로 우리 조상들에게 말씀하신 하나님이 이 모든 날 마지막에는 아들을 통하여 우리에게 말씀하셨으니 이 아들을 만유의 상속자로 세우시고 또 그로 말미암아 모든 세계를 지으셨느니라.
49) 라은성, 이것이 기독교강요다 지도자용, PTL(페텔), 2016, p. 402.

선지자직	진리의 영을 부어주심
	생명의 길: 지혜와 지식의 모든 보화
왕직	성령의 내주로써 다스림
	통치방식: 다 이루신 모든 의의 전가
제사장직	대제사장으로서 제물이 되심
	하늘 성소에서의 영원한 중보사역

구원의 사역, 즉 구속 사역은 하나님의 전적인 사역입니다. 우리는 본질상 진노의 자식이었습니다. 그런데 그리스도의 십자가는 우리로 하여금 그 죄에서 벗어나 하나님 나라를 향하도록 용기를 주십니다. 이때 우리는 '은혜'를 받았다고 고백합니다. 달리 말하자면, 그분의 보혈로 우리가 깨끗해졌고, 그분의 죽으심으로 우리의 죄들이 용서받았다고 말하는 것입니다.

이제 우리는 죄인으로서가 아니라 의인으로서, 하나님의 자녀로서 하나님 앞에 담대하게 나아갈 수 있게 되었습니다. 그리스도께서 마련하신 의의 길, 영생의 길, 구원의 길을 걸어갑니다. 비록 좁은 문으로 들어와 기대와 달리 좁은 길을 걸어도 그분과 함께하면 두렵지 않고 외롭지 않습니다.

우리는 좁은 길을 걸으며 그분을 본받으려 합니다. 그분처럼 살려고 합니다. 그리고 그 과정 가운데 그분의 고통을 우리의 육체에 채우게 됩니다. 그분이 낮아지셨기에 우리의 낮아짐을 두려워하지 않습니다. 그분이 죽으셨기에 죽는 것이 두렵지 않습니다. 그분이 부활하셨기에 우리도 부활할 것을 확신합니다. 우리가 그분의 자녀임을 깨닫게 해준 그리스도의 사랑 때문에 이 모든 구원의 은혜가 우리의 것이 됩니다.

그러기에 우리의 유일한 믿음의 대상은
오직 우리의 구속자 되시는 '예수 그리스도'이십니다.

"그리스도의 희생제사로 말미암는 죄를 사하고, 용서하며, 무르는 힘을 우리가

인정하지 않는다면 그분의 은총은 너무나 희미해질 것이다."

(기독교강요 2권 17장 4항)

[학습 문제]

(1) 행위언약과 은혜언약의 공통점은 무엇입니까?

(2) 행위언약과 은혜언약의 차이점은 무엇입니까?

(3) 예수님의 인성은 왜 필요합니까?

(4) 예수님의 신성은 왜 필요합니까?

(5) 예수님께서 '그리스도' 되심이 의미하는 것이 무엇입니까?

[기록과 나눔]

_ 새롭게 알게 된 것

_ 결단 할 것

5

구원

1) 성령의 내적 사역(효력 있는 부르심)

누구든 은혜를 받고 싶어 합니다. 하지만 은혜에 대한 정의를 분명히 내리지 못한 채로 그것을 바랄 수 있습니다. 우린 그것을 주의해야 합니다.

은혜란 무엇일까요? 웨스트민스터 신앙고백서의 표현을 빌리면, 성령은 "구속의 적용에 있어 유일하게 효력 있는 행위자다."라고 고백하며, 바울은 하나님이 우리가 행한 의로운 일들 때문이 아니라 성령으로 새로워짐을 통해 우리를 구원하신다고 가르칩니다.[50]

바울은 갈라디아 교인들에게 우리는 성령으로 말미암아 산다고 단언합니다 (갈5:15).[51] 예수님도 친히 제자들에게 성령께서 영원한 생명을 주신다고 말씀하셨습니다. 성령은 구속을 우리의 마음과 삶에 적용하시는 분으로서 우리와 더불어 우리 안에 사시며 거하십니다.[52] 복음의 사역은 오직 성령 하나님의 사역입니다. 은혜를 받으려 부단히 노력할 수 있으나, 인간적이지 않고 가공적이지 않은 방법을 택해야 합니다. 그분의 은혜를 바란다고 하면서 인간의 고안물을 사용해선 결코 안 됩니다.

우리는 지금까지 구원을 계획하신 성부 하나님, 구원을 성취하신 성자 하나님에 대해서 배웠습니다. 그리고 이번 핵심 키워드인 '구원'을 통해서 구원의 길을 각 개인에게 적용시키시는 성령 하나님의 사역을 나눕니다.

은혜 받는 길이란 결국 믿음을 강화하는 길이라고 해도 무방합니다. 타락한 인류를 위한 하나님의 구속 사역은 성자 하나님에 의해 성취되었고 그 사역을 성령 하나님께서 개인적으로 적용시키십니다. 이 선물을 받으며 그분의 사역을

---

50) (딛3:5) 우리를 구원하시되 우리가 행한 바 의로운 행위로 말미암지 아니하고 오직 그의 긍휼하심을 따라 중생의 씻음과 성령의 새롭게 하심으로 하셨나니.
51) 이는 단지 육체적인 생명을 뜻하는 것이 아니라 구체적으로 영적인 삶을 뜻합니다.
52) 앤서니 후크마, 개혁주의 구원론, 이용중 역, 부흥과개혁사, 2012, pp. 45-46.

체험하는 사람들은 한결같이 '은혜 받았습니다.'라고 고백하게 됩니다.[53] 성령 하나님께서는 복음을 개인에게 이루어 가는 분이십니다.

어떤 이들은 현재를 성령의 시대라 부르며 성령의 사역을 지나치게 강조하고 성령의 은사에 치중합니다. 반면 어떤 이들은 성령의 사역을 아예 무시하는 사람도 있습니다. 성령의 사역에 대한 바른 시각이 무엇인지 살펴봐야 우리는 바른 신앙을 가질 수 있게 됩니다.

바울이 "미리 정하신 그들을 또한 부르시고 부르신 그들을 또한 의롭다 하셨다"(롬8:30)고 했을 때 그는 부르심도 역시 하나님의 행위임을 강조합니다. 좀 더 구체적으로 그것은 성부 하나님의 사역입니다. 왜냐하면 그분이 바로 "그 아들의 형상을 본받게 하기 위하여"(롬8:29) 사람들을 예정하신 분이시기 때문입니다.[54]

그렇다면 성부 하나님의 작정과 성자 하나님의 구속 사역을 성령 하나님께선 우리에게 어떻게 적용하실까요?

웨스트민스터 소요리문답 제30문

문: 성령께서는 그리스도께서 성취하신 구속을 우리에게 어떻게 적용하십니까?
답: 성령께서 그리스도께서 성취하신 구속을 우리에게 적용하시는 것은[55] 우리 안에 믿음을 일으키시고[56], 또 효력 있는 부름으로써 우리를 그리스도와 연합하게 하는 것입니다.[57]

---

53) 그 은혜란 믿음을 선물로 받아 하나님을 자기 아버지로 고백하고 신뢰하고 따르며 사는 것을 말합니다.
54) 웨인 그루뎀, 웨인그루뎀의 조직신학 중, 노진준 역, 은성, 1997, p.302.
55) (요6:63) 살리는 것은 영이니 육은 무익하리라.
56) (엡2:8) 너희는 그 은혜에 의하여 믿음으로 말미암아 구원을 받았으니 이것은 너희에게서 난 것이 아니요 하나님의 선물이라.
57) (고전1:9) 너희를 불러 그의 아들 예수 그리스도 우리 주와 더불어 교제하게 하시는 하나님은 미쁘시도다.

구원에 이르는 믿음은 오직 들음에서 나며 들음은 그리스도의 말씀으로 말미암습니다(롬10:17). 그러한 그리스도의 복음은 모든 믿는 자에게 구원을 주시는 하나님의 능력입니다(롬1:16). 우리는 구원의 문제에 있어 중대한 질문을 가질 수 있습니다. 왜 복음을 들었을 때, 어떤 사람은 받아들이고, 어떤 사람들을 받아들이지 않는 것일까요? 왜 복음이 어떤 이는 회개에 이르게 하고, 어떤 이에게는 강퍅하게 하는 것일까요?

이 질문에 답하기 위해 우리는 먼저 그 이유가 복음 자체에 있는 것이 아니라는 것을 알아야 합니다. 받아들이는 자에게든, 받아들이지 않는 자에게든 복음은 동일하게 전파됩니다. 예수 그리스도는 예외 없이 모든 죄인들에게 복음을 통해 자유롭게 전해집니다. 어떤 사람들은 복음이 단지 '선택된 자'에게만 주어진다고 생각합니다. 그러나 그렇지 않습니다. 성경은 분명히 말하고 있습니다. "누구든지 주의 이름을 부르는 자는 구원을 얻으리라"(롬10:13). 복음에는 누구라도 구원을 얻도록 그리스도를 받아들이는 데 방해하는 무엇은 전혀 없습니다.

다음으로 우리가 알아야만 할 것은 사람들 간에 차이가 있는 이유가 인간 자신들 속에서 그 원인이 발견되는 것이 아니라는 사실입니다.[58] 만약 어떤 사람은 복음을 받아들이고, 어떤 사람은 받아들이지 않았다면, 우리는 한 사람은 다른 한 사람보다 더 나은 본성을 지녔다고 생각할 것입니다. 그러나 그것은 잘못된 생각입니다. 성경은 모든 사람이 하나님 앞에 죄인이며 스스로 구원에 이를 길이 존재하지 않음을 우리에게 명백하게 말합니다.[59] 그래서 간단히 말하자면, 하나님께서 인간을 그들 자신의 힘과 본성적이며, 육적인 소욕대로 버려두신다면, 그들에게 은혜를 베풀지 않으신다면 그 어느 누구도 복음을 스스로 받아들일 수

---

58) G. I. 윌리엄슨, p. 152.

59) (고전2:14) 육에 속한 사람은 하나님의 성령의 일들을 받지 아니하나니 이는 그것들이 그에게는 어리석어 보임이요, 또 그는 그것들을 알 수도 없나니 그러한 일은 영적으로 분별되기 때문이라.

있는 자는 단 한 명도 없다는 뜻입니다.

그러한 처지에 인간이 처했음에도 불구하고 복음을 듣고 믿는 자들이 이 세상에 존재합니다. 그래서 우리는 다시 이런 질문을 던집니다. "왜 일부의 어떤 사람들은 복음을 받아들일 수 있는 것인가?". 그에 대한 답은 그들이 효력 있게 부르심을 받았기 때문이라는 것이 그 답입니다. 그들은 전파된 참된 복음을 들었을 뿐만 아니라 성령님에 의해 효력 있게 부르심을 받은 것입니다. 이 부르심은 성령 하나님께서 우리의 심정에 믿음을 새기는 것이라고 말할 수 있습니다. 은 사를 통하시든, 기적을 통하시든, 말씀을 깨닫게 하시든, 어려움을 겪게 하시든, 기쁨을 주시든 이 모든 것을 통해 성령 하나님은 우리에게 하나님을 아버지로 신뢰하게 하시고, 그리스도를 자신의 구세주로 고백하고 따르도록 하십니다. 이에 따라 우리는 "믿습니다" 또는 "신뢰합니다"라고 고백하게 되는 것입니다.

효력 있는 부르심은 우리로 하여금 어떠한 결과를 가져다주는지에 대해 〈웨스트민스터 소요리문답 제 31문〉은 이렇게 묻고 답합니다.

웨스트민스터 소요리문답 제31문

문: 효력 있는 부르심이란 무엇입니까?

답: 효력 있는 부르심은 하나님의 영이 하시는 일인데, 우리의 죄와 비참을 깨닫게 하시고[60], 우리의 마음을 밝혀 그리스도를 알게 하시며[61], 또 우리의 의지를 새롭게 하시고[62], 우리를 권하사 능히 복음 중에 값 없이 주시는 예수 그리스도를 믿도록 하시는 것입니다. [63]

---

60) (행2:37) 저희가 이 말을 듣고 마음에 찔려 말하기를 … 우리가 어찌할꼬.
61) (행26:18) 그 눈을 뜨게 하여 어두움에서 빛으로, 사단의 권세에서 하나님께로 돌아가게 하고.
62) (겔11:19) 내가 그들에게 일치한 마음을 주고 그 속에 새 영을 주며 ….
63) (요6:44) 나를 보내신 아버지께서 이끌지 아니하면 아무라도 내게 올 수 없으니.

성령님께서 행하시는 권능의 역사를 일컬어 "소생시킴"(엡2:5), "창조"(엡2:10), "재생"(요3:4,7), "죽음에서 일어남"(엡2:6)이라고 합니다. 이는 예수님께서 전도하실 동안에 눈먼 자, 귀머거리, 절름발이 등에게 육체적 소생을 주시는 베푸심과 마찬가지로, 사람을 소생시키시는 하나의 영적인 기적입니다.

그럴 경우에 성령님의 사역의 결과는 효력을 가집니다. 전에는 어리석어 보이던 것이 이제는 심령을 찌르고(행2:37), 이전에는 단지 사람의 말로 보이던 것이 이제는 믿는 자 속에서 효력 있게 역사하시는 "하나님의 말씀, 진리"로 받아집니다(살전2:13). 우리는 이러한 효력 있는 부르심이 인간의 측면에서 받아들여지는 것을 **'거듭남', '중생'**이라고 부릅니다.

우리가 성령 하나님으로 말미암아 거듭났을 때, 우리에게 다음과 같은 세 가지가 뒤따릅니다.

첫째, 거듭난 사람은 복음의 진리를 알게 됩니다. 마치 시력이 회복된 맹인이 눈을 뜨고 황혼의 아름다움을 볼 수 있듯이 거듭난 사람은 참된 복음을 알 수 있습니다.

둘째, 거듭난 사람은 또한 자기 자신의 무가치함과 하나님 앞에 범죄 했음을 깊이 깨닫게 됩니다. 그는 자신이 죄의 값을 지불하기 위해 대속 제물로 죽어 주신 예수님이 필요하다는 것을 알게 됩니다. 어떤 강요에 의해서도 아니요 오히려 그의 새로워진 본성이 이렇게 행하도록 원하기 때문에 그가 깨닫게 되는 것입니다.

셋째, 그러므로 거듭난 사람은 자신의 죄를 회개하며 주 예수 그리스도를 믿게 됩니다. 우리는 이러한 자세, 회개하며 믿는 이 자세를 '회심'이라고 합니다.

그는 이제 자신에게 무엇이 필요한가를 깨닫고, 그리스도만이 그 필요에 대한 유일한 해결책임을 인식하기 때문에 회개하고 믿기를 원하게 됩니다. 이러한 성령의 사역은 인간에게 구원 받도록 강요하는 것이 아닙니다. 그들의 눈을 열고 어둠에서 빛으로 돌아오게 하고, 사탄의 권세에서 하나님께로 돌아오게 하여 그들의 죄의 용서를 받게 하며, 믿음으로 성결해진 자들 가운데 거하게 하시는 것입니다.[64]

효력 있는 복음의 부르심에 있어서 구원의 사실들을 단지 알고 동의하는 것만으로는 부족합니다. 참된 구원을 얻는 믿음은 (구원의 사실을 아는) 지식과 (그 사실이 참이라고 동의하는) 시인을 포함하는 동시에 신뢰를 요구합니다.[65] 그러므로 참된 구원 얻는 믿음을 지닌 사람은 예수님의 말씀을 살펴보는 단계에서 그 말씀을 참이라고 믿는 단계로, 그 말씀을 참이라고 믿는 단계에서 죄사함과 영생에 있어서 예수님을 신뢰하는 단계로 나아간 사람입니다.

회개와 믿음(신뢰)은 동전의 양면과 같습니다. 진심으로 죄를 끊고 버리는 순간 우리는 그리스도께 믿음을 바치며 자신의 구원을 위해 그리스도만을 신뢰하기 때문입니다. 이 최초의 회개와 믿음은 그리스도인의 남은 평생 동안 회개와 믿음에 대한 지속적인 마음가짐의 본보기를 제시합니다. 이는 바울이 골로새서 2장 6절[66]에서 한 말과 같습니다.

칼빈은 이러한 성령 하나님의 사역에 대하여 〈기독교강요 3권 1장 4항〉에서 이렇게 말합니다.

"성령은 우리 마음, 즉 지성의 눈을 뜨게 하셔서 진리를 깨닫도록 하셔서 하나님을 아버지로, 그리스도로 고백하도록 합니다." (기독교강요 3권 1장 4항)

---

64) G. I. 윌리엄슨, p. 155.
65) 웨인 그루뎀, 웨인그루뎀의 조직신학 중, p. 135.
66) (골2:6) 너희가 그리스도 예수를 주로 받았으니 그 안에서 행하되.

2) 이신칭의

　믿음의 뜻을 가장 명확하게 밝힌 사람은 독일의 종교개혁자 마틴 루터입니다. 그는 믿음을 신뢰라는 단어로 표현하기를 좋아했습니다. 믿음을 신뢰라는 의미로 이해하면 복음을 비교적 쉽게 이해할 수 있습니다.

　바울은 로마서 8장 30절에서 "부르신 그들을 또한 의롭다"하셨다고 말합니다. 하나님께서 누군가를 효력 있게 부르시고 그 사람이 하나님의 부르심에 회개와 구원 얻는 믿음으로 적극적으로 반응(회심)한 이후에는 하나님이 어떤 일을 하실까요?

　하나님께선 사람이 하나님의 부르심에 힘입어 회개와 믿음으로 반응할 때, 그 사람의 죄를 용서받은 것으로 간주하시고 그리스도의 의를 그 사람의 것으로 여기심으로써 그 믿음에 화답하십니다. 그 순간 하나님은 그 사람을 하나님이 보시기에 의롭다고 선언하십니다. 이러한 하나님의 행동을 **'칭의'**라고 합니다.[67]

　칭의의 개념은 아무리 강조해도 지나치지 않을 정도로 진리 중에 진리입니다. 이 진리는 초대교회에서도 온전히 밝히지 못했고 중세 1,000년 동안에는 아예 묻어둔 진리였습니다. 그리고 마침내 종교개혁을 통해 '진리의 재발견'이 이루어졌고 이것은 이미 성경에서 밝힌 복음 중의 복음이었습니다.[68]

　믿음이 우리를 하나님 앞에서 의롭다 여기게 한다는 주장은 반쪽짜리 복음입니다. 선행이나 의로운 행위가 하나님으로부터 의롭다 여기게 한다는 이런 주장 역시 반쪽짜리 복음입니다.

　그렇다면 이신칭의의 진정한 의미는 무엇일까요? 문자 그대로 해석하면 이신칭의란 '믿음으로 인해 의롭게 여겨진다'라는 의미입니다. 이는 '의롭게 된다'와

---

67) (롬5:1) 그러므로 우리가 믿음으로 의롭다 하심을 받았으니 우리 주 예수 그리스도로 말미암아 하나님과 화평을 누리자.
68) 라은성, 이것이 개혁신앙이다, p.338.

는 엄연히 다른 표현입니다. 종교개혁자들은 믿음으로 의롭다 여겨진다는 이신칭의에 대한 설명에 '오직'이란 단어를 덧붙여 오직 믿음으로 의롭게 여겨진다는 뜻으로 이신칭의라는 단어를 사용했습니다.

칭의는 죄들의 용서에 대해 확신을 갖고 하나님의 자녀로서 그분과 교제하고 화해되었음을 의미하는데 이 칭의의 원인이 믿음이라는 의미로 이신칭의를 받아들였습니다. 여기에다가 그들이 '오직'이라는 단어를 덧붙인 이유는 믿음은 하나님의 선물이며 우리의 행위와는 아무 관계가 없음을 보여주기 위함이었습니다. 칼빈은 이러한 칭의에 대해 다음과 같이 설명합니다.

> "칭의를 간단하게 정의 내려 보면, 우리가 마치 의로운 것처럼 하나님의 은혜로 그분께 받아들여지는 수용이라고 말할 수 있고, 이 칭의는 죄들의 용서와 그리스도의 의의 전가를 구성한다." (기독교강요 3권 11장 2항)

> "이신칭의가 하나님과 화해시킨다는 정의를 생각해 보면 그 화해는 죄들의 사면만을 구성한다." (기독교강요 3권 11장 21항)

> "그리스도로 말미암아 우리가 의롭다 여겨지는 것은 그리스도의 순종이 우리의 순종인 것처럼 여겨지기 때문이고 그분의 순종 안에 우리 의가 내주한다는 뜻이다." (기독교강요 3권 11장 23항)

> "칭의를 정의 내려 보자. 그리스도와의 교제에 들어가게 된 죄인이 그분으로 인해 하나님과 화해하게 되고, 그분의 보혈로 정결하게 되어 죄들의 사면을 얻고, 의의 옷을 입는 것이다." (기독교강요 3권 17장 8항)

칭의는 하나님의 은혜로 의롭다 여겨져서 하나님과 화해된다는 것입니다. 이는 법정적인 의미에서의 하나님의 선언입니다. 칭의는 하나님께서 재판관으로서 한 개인을 하나님 앞에서 의로운 존재로 선언하시는 일입니다. 또한 하나님께서 법정적으로 우리를 의롭다고 선언해주셨다면 우리는 더 이상 과거와 현재와 미래의 죄에 대한 대가를 치를 필요가 없어지는 것입니다.[69]

바울이 로마서 8장 1절에서 말하듯이 "그러므로 이제 그리스도 예수 안에 있는 자에게는 결코 정죄함이" 없어지는 것입니다. 중요한 것은 **"그리스도 예수 안"**입니다. 하나님 앞에서 의롭다 여겨진 것, 그것은 그리스도 예수를 벗어나 우리의 개인적인 행함으로 이루어지는 것이 아닙니다. 단순하게 우리가 의롭게 되었다는 것이 아닙니다. 의롭지 않은 우리가 예수 그리스도의 순종으로 인해 의롭다고 여겨지는 것입니다. 이를 우리는 그리스도의 옷을 입었다고 표현하기도 합니다. 칭의의 두 요소는 첫째, 의의 전가, 둘째, 죄들의 용서(죄의 전가)라고 할 수 있습니다. 이 두 가지 모두 우리가 행한 것이 아니라 그분이 우리를 위해 행한 것을 믿음으로 수용하는 것입니다.

인간은 모두 아담이 지은 죄에 대하여 아담의 죄의 전가 가운데 죄인으로 태어났습니다. 모든 인류의 대표로서 하나님과 언약 관계로 세워졌고 그 가운데 그 언약을 깨버린 아담으로 인하여 모든 인류에게는 죄의 책임과 정죄함이 전가되었습니다.

이와 같이 예수 그리스도 안에서도 전가가 이루어집니다. 이에는 이중적인 전가가 따릅니다. 첫째, 우리의 죄책과 정죄가 주 예수 그리스도에게 전가됩니다. 하나님이 우리를 대신하여 그리스도로 하여금 죄 있게 만드셨다고 사도 바울은 말합니다.[70] 우리의 죄가 "그에게 담당 되어서" 그는 마치 죄를 범한 것 같은 취급

---

69) 웨인 그루뎀, 웨인그루뎀의 조직신학 중, p. 140.
70) (고후5:21) 하나님이 죄를 알지도 못하신 이를 우리를 대신하여 죄로 삼으신 것은 우리로 하여금 그 안에서 하나

을 당했습니다. 둘째, 그리스도의 의가 우리에게 전가됩니다. 우리는 그 안에서 하나님의 의가 된다고 바울은 말합니다. 그리스도의 완전한 의는 우리에게 담당 되었습니다. 하나님은 우리를 결코 범죄하지 않은 것처럼 취급하십니다. 우리가 그의 거룩한 율법을 전부, 완전히 지킨 것처럼 하십니다. 다른 이로 말미암음이 아닙니다. 예수 그리스도로 인하여, 그의 순종하심으로 인하여서 뿐입니다.

우리는 믿음으로 의롭게 여겨지는 것에 대하여 착각하거나 오해해서는 안 됩니다. 우리가 하나님 앞에 의롭게 여겨질 수 있는 근거는 예수 그리스도입니다. 믿음이란 하나님을 기쁘시게 하는 선행으로서, 그것 때문에 마치 우리가 그의 율법을 완전히 순종한 것처럼 선하게 간주되어지는 것이 아닙니다. 의의 근거는 우리의 믿음이 근거가 아니라 예수 그리스도의 수동적, 능동적 순종에 있습니다. 그러기에 우린 믿음을 하나의 도구라고 말합니다. 다시 말해 믿음은 '하나님의 의를 받는 손'과 같습니다. 우리가 하나님의 의를 받는 것은 믿음에 의해서이지만 믿음이 의의 근원은 아니기 때문입니다.

칭의는 우리의 믿음에 대한 하나님의 반응으로 일어나지만 그렇다고 우리의 믿음이 하나님 앞에서 어떤 공로가 되는 것이 아닙니다. 우리가 하나님의 은총을 받게 되는 것은 우리의 믿음 때문이 아닙니다.

오직 그 공로는 예수 그리스도께 있는 것입니다.

우리를 의롭다 하시는 이도 하나님이시며[71], 우리를 의롭게 만드시는 분도 하나님이십니다. 그리고 우리를 의롭게 하셨다고 선포하시는 분도 하나님 자신이

님의 의가 되게 하려 하심이라.
71) (롬8:33) 누가 능히 하나님께서 택하신 자들을 고발하리요 의롭다 하신 이는 하나님이시니.

십니다.[72] 우리는 이 땅 가운데, 또한 하나님 앞에서 죄인인 동시에 의인으로 살아갑니다.

3) 그리스도인의 삶

성도라면 어차피 구원받았으니까 지상에서 더 고생할 것도 없이 하늘나라로 곧장 가버리면 좋겠다고 생각한 적이 한 번쯤은 있을 것입니다. 지상의 삶이 얼마나 고달프면 이런 생각을 할까요? 경건한 사람은 이 세상을 전부라고 생각하지 않습니다. 영원한 하나님 나라에서의 삶에 비하면 한 점에 지나지 않는 세상에 연연하지 않습니다. 잠시 잠깐 세상에 살지만 경건한 사람들은 지금, 여기에서의 삶도 거룩하신 하나님 앞에서 공들여 살아갑니다.

예수님을 믿고 나면 본성이 자연스럽게 변하든지 세상이 달리 보인다든지 하는 안일한 생각에서 벗어나 배우고 확신하며 가벼운 멍에를 메고 그분에 대해 배우는 삶이 곧 거룩한 삶의 바탕이 됩니다. 지위나 위치가 증진되었거나 신분이 달라졌다고 해서 인격이 바뀌지 않습니다. 죄성이 여전히 남아 있기에 틈만 나면 우리를 괴롭힐 것입니다. 부단히 하나님의 말씀으로 자신을 살피지 않으면 삶의 변화는 정말이지 어렵다는 것을 우리는 깨닫게 될 것입니다.[73]

거듭난 사람의 거룩함은 하나님께서 거룩하신 것처럼 거룩하게 되는 것입니다. 어떤 이들은 거룩할 수 있기에 거룩하라고 명령하신 것이라 억지 주장하지만 이와는 달리 거룩한 삶이 아니면 거듭남의 확신, 하나님의 자녀에 대한 확신, 화해에 대한 확신, 하나님과의 연합시키는 줄, 삶의 제한과 기준 등을 가질 수 없

---

72) G. I. 윌리엄슨, p. 164.
73) 라은성, 이것이 개혁신앙이다, p. 389.

습니다. 그러기에 우리는 하나님의 거룩 앞에 자신의 거룩을 자랑하지 않고, 그분의 말씀에 자신의 모든 것을 늘 점검하는 자세를 지니며 살아가야 합니다. 이 삶은 구원의 순서에 있어 칭의(의롭게 여겨주심)와 양자(자녀 삼으심) 뒤에 오는 것으로 하나님의 값없이 주시는 은혜에 속합니다. 이는 우리가 논리적인 개념으로 순서를 나열한 것이지 구원 사역에 있어서 일어나는 모든 것들은 동시다발적인 성령 하나님의 사역임을 놓쳐서는 안 됩니다.[74]

우리는 하나님의 거룩하심을 닮아가는 거듭난 사람의 일생을 '성화'라고 부릅니다. 이는 어떤 사람의 공로에 의한 것이 아닙니다. 이러한 성화는 성화된 사람이 찬양을 받게 되는 것이 아닙니다. 그 이유는 성화시키는 분은 인간이 아니라 하나님이시기 때문입니다.

웨스트민스터 소요리문답 제35문
문: 거룩하게 하심은 무엇입니까?
답: 거룩하게 하심은 값 없이 주신 은혜의 역사로서,[75] 이로 인해 우리가 하나님의 형상을 좇아 전인이 새로워지게 되고,[76] 점점 죄에 대하여는 능히 죽고 의에 대하여는 능히 살게 되는 것입니다.[77]

성화는 하나님의 일이면서 동시에 인간의 일입니다. 그 이유는 다음과 같습니

---

74) 개혁신학 내에서의 대부분의 학자들은 구원의 순서(서정)에 대해서 9가지로 소개합니다. 이는 '소명-중생-회개-신앙-칭의-양자-성화-견인-영화'의 순서입니다. 이는 로마서 8장 29-30절의 말씀에 근거한 논리적 순서입니다. 그러나 주의해야 할 것이 있습니다. 이와 같은 구원의 순서의 9가지는 계단처럼 단계가 정확히 구분되어 일어나는 시간적인 것이 아니라, 어떤 것은 동시에, 어떤 것은 단 번에, 어떤 것은 죽을 때까지 다양하게 일어납니다. 따라서 이 구분은 성령 하나님께서 일하시는 구원의 과정들을 잘 이해할 수 있도록 설명하는 구분으로 이해해야 합니다.
75) (살후2:13) 주께서 사랑하시는 형제들아 우리가 항상 너희에 관하여 마땅히 하나님께 감사할 것은 하나님이 처음부터 너희를 택하사 성령의 거룩하게 하심과 진리를 믿음으로 구원을 받게 하심이니.
76) (엡4:23-24) 오직 너희의 심령이 새롭게 되어 하나님을 따라 의와 진리의 거룩함으로 지으심을 받은 새 사람을 입으라.
77) (롬6:4,6) 그리스도를 죽은 자 가운데서 살리심과 같이 우리로 또한 새 생명 가운데서 행하게 하려 함이라 … 다시는 우리가 죄에게 종 노릇 하지 아니하려 함이니.

다.[78]

첫째, 성화의 작업은 내적인 변화와 함께 시작되기 때문입니다. 그리고 이 내적인 변화는 먼저 하나님의 사역입니다. 우리는 그것을 '중생', '거듭남'이라고 부릅니다. 그러나 우리는 이것을 알아야 합니다. 인간의 전 인격이 중생에 의해 새롭게 되긴 하지만 그것이 한 순간적인 행동에 의해 완전해지고 끝나는 것은 아니라는 것입니다. 예를 들자면, 갓난아이는 '새 피조물'이지만 장성한 어른이 되기까지는 긴 세월이 필요한 법입니다. 이와 마찬가지로 어떤 사람이 거듭났을 때, 그 사람은 사망에서 생명으로 옮기어집니다. 그는 더 이상 죄의 지배 아래 있지 않습니다. 그러나 죄의 능력이 완전히 사라진 것은 아닙니다. 그러기에 우리 안에 존재하는 '새 본성' 내지 '새 성품'은 성령의 사역 가운데 인간의 믿음 있는 행동으로 인간 안에 내재하는 죄의 잔재와 세력을 계속해서 꺾어나가야 합니다.

둘째, 성화의 작업은 점진적이기 때문입니다. 성화는 칭의와 양자처럼 단번에 이루어지는 것이 아닙니다. 성화의 과정은 현세에서는 어느 누구도 결코 완전히 완성될 수 없습니다. 그러나 그것은 성도의 마음속에서 계속되는 것이기 때문에 반드시 성도의 경험 속에 죄와 끊임없는 투쟁이 있을 것이라는 결론을 가져옵니다. 물론 성도도 죄를 짓습니다. 그러나 성도는 결코 '그것이 옳다'고 말하지 않습니다. 성도는 결코 범죄하는 것을 기뻐할 수 없습니다. 오히려 죄를 미워하고 증오하게 됩니다. 그리고 자신 안에 잔재하는 죄의 모습을 보고는 언제나 자신과 투쟁하는 삶을 살게 되는 것입니다. 이 삶은 매우 느린 진전을 보여주는 삶입니다. 하지만 이 삶은 확실한 진전 있는 삶입니다.

셋째, 성화의 작업은 협력적이라는 점을 우리는 주목해야 합니다. 협력적이란

---

78) G. I. 윌리엄슨, pp. 174-176.

말은 인간이 하나님과 협력해서 하는 작업임을 말합니다. 그것은 인간과 하나님 양편 모두가 행동하는 작업입니다. 이것은 인간의 사역이 하나님의 사역과 동등함을 뜻하지 않습니다. 동등할 수 없습니다. 하나님의 사역은 인간 성화에 있어서 모든 찬양을 하나님이 받으십니다. 인간의 사역은 인간을 결코 "무익한 종" 이상의 아무 것도 만들지 못합니다.

그러나 중요한 점은 하나님과 사람이 동시에 일하지 않는 성화란 없다는 것입니다. 하나님은 하나님의 기쁘신 뜻을 따라 우리 안에서 소원을 가지며 행동하도록 역사하십니다. 그리고 우리는 두려운 떨림으로 우리 자신의 구원을 이루어 나가는 것입니다.[79] 우리는 스스로 우리 자신을 깨끗케 하기 위해 노력해야 합니다. 그러나 우리는 하나님 한 분만이 우리로 하여금 그것을 가능하게 할 수 있다는 것을 또한 기억해야 합니다. 이처럼 하나님의 주권은 매우 놀랍습니다. **하나님의 주권과 인간의 책임은 놀라운 조화를 이루며 신비한 하나님의 사역입니다.**

우리는 이와 같은 성화의 과정을 통해 눈에 보이는 확실한 성화의 증거들을 보게 됩니다. 주님의 부르심과 기쁘심을 위하여 한 걸음, 한 걸음 나아갈 때, 우리의 모습이 죄에 대하여는 더 많이 죽어가고, 의에 대하여는 더 많이 살아가는 것을 보게 될 것입니다. 참된 성도(구원의 은혜를 경험한 자)는 하나님의 계명을 사랑하며 그것을 멍에로 여기지 않고 그것을 지키기에 힘쓰는 삶을 살아갑니다. 성경이 "행함이 없는 믿음은 헛 것"(약2:20)이라고 말하는 이유도 이와 같습니다. 불신자도 선한 것 같이 보이는 일(교회 봉사, 헌금, 구제 등)을 할 순 있지만 그들과 성도의 삶은 분명한 차이가 있습니다.

진정한 성도는 하나님이 요구하시는 고귀하고 거룩한 것들을 기뻐하는 삶을

---

79) (빌2:12-13) 그러므로 나의 사랑하는 자들아 너희가 나 있을 때뿐 아니라 더욱 지금 나 없을 때에도 항상 복종하여 두렵고 떨림으로 너희 구원을 이루라 너희 안에서 행하시는 이는 하나님이시니 기쁘신 뜻을 위하여 너희에게 소원을 두고 행하게 하시나니.

살아가지만 불신자는 결코 그럴 수 없으며, 참된 성도는 자기가 하는 것을 감사함으로 행하며 "하나님께서 이미 나를 구원하셨으므로 이제 나는 그를 기쁘시게 하기 원한다"고 말하지만, 불신자는 하나님의 은혜를 입기 위해서 또는 자신의 선함을 입증하기 위해 애써 선을 행합니다. 또한 참된 성도는 자기가 하는 가장 선한 일에도 하나님의 능력이 필요함을 인정하며 여전히 자신의 부족함을 깨닫지만, 불신자는 이것을 깨닫지 못하고 자기의 현재 상태와 행한 일에 만족합니다.[80]

이러한 성화에 대하여 요약하자면,

성화는 우리가 하나님 앞에서 거룩한 백성이라는 것을 느끼며, 하나님 앞에 설 때까지 자주 더 높이 올라가는 과정이 아니라 오히려 무엇보다도 우리가 거룩하게 되기를 원하면서 동시에 자신에 대한 평가에 있어서 점점 더 낮아지는 과정이라고 할 수 있습니다. 왜냐하면 우리가 참으로 거룩하게 되는 것은 참된 겸손뿐이기 때문입니다.

우리는 지금까지 살펴본 바를 통하여 우리(거듭난 성도)가 살아가야 할 삶을 두 가지로 추릴 수 있습니다.

3-1) 자기부인의 삶

기독교인의 삶을 한 단어로 요약하자면 **'자기부인'**이라는 말로 요약할 수 있습니다. 예수님께서 "그들의 열매로 그들을 알리라"(마7:20)고 말씀하셨듯이 삶을

---

80) G. I. 윌리엄슨, p. 176.

보고 알 수 있습니다. 참된 믿음의 열매는 회개이며, 참된 회개의 열매는 거룩한 삶입니다. 이것을 위해 우리를 창세 전에 예정하셨고, 하나님의 의에 조화와 일치를 이루기 위해 우리를 중생시키셨습니다. 이런 삶을 살기 위해서는 자기부인의 삶이 필연적입니다.

기독교인의 삶은 자기부인의 삶입니다. 다른 말로는 십자가를 지는 삶입니다. 자기부인은 죄 죽이기와 밀접한 관련을 맺고 있습니다. 죄 죽이기는 자기부인으로 이어집니다. 부패한 영의 기능들을 모두 내려놓아야 하고 부인해야 합니다. 그분의 말씀에 따라 생각하고, 판단하고, 알아야 한다는 뜻입니다.

하나님의 말씀을 늘 묵상해야 부패한 영의 기능들이 바른 생각과 판단을 하게 될 것이고, 말씀을 통해 성령 하나님은 우리에게 하나님의 약속을 기억나게 하실 것입니다. 하지만 이 땅에 사는 동안 하나님의 말씀을 따르는 것은 쉽지 않은 일입니다. 그럼에도 그분의 말씀을 우선순위에 두면서 힘들더라도 부패한 이기심을 내려놓는 훈련을 계속해야 합니다. 또 말씀을 통해서 사소한 일에서부터 큰일에 이르기까지 그분의 뜻이 무엇인지 분별하도록 해야 합니다. 그래서 참된 믿음은 항상 그분의 뜻에 관심을 갖습니다.

비록 지상에서의 삶이 자기부인의 연속이지만 이 길에는 풍성한 삶이 약속되어 있으며 그 삶을 통해 현재의 삶에서도 누리는 풍성한 은혜가 있습니다. 풍성한 삶이란 단순히 부귀와 영화를 누리는 삶이 아니라 하나님과 동행하는 평안을 가지며 하늘의 기쁨을 늘 소유하는 삶입니다. 이 기쁨을 느낀 자들은 세상의 쾌락보다 이것을 더 고귀하고 소중하게 여깁니다.

거듭난 자의 삶은 하나님과 동행하는 삶입니다.
그리스도인은 거룩한 사람이 아니라 거룩한 삶을 살아가는 사람입니다.

3-2) 하늘의 삶

거듭난 자는 늘 하늘의 삶을 바라봅니다. 현재의 삶이 힘겨울지라도 선한 일을 위하여 힘씁니다. 넘어져도 다시 일어납니다. 연약한 육체를 가졌기에, 부패한 인간성을 가졌기에 유혹을 받을 수 있지만, 다시 일어나 담대하게 걸어갑니다. 걸어가는 최종 목적지는 오직 하늘나라입니다. 그 목적지만을 바라보며 걸어가는 것입니다.

지상에서의 삶은 나그네의 삶입니다. 그냥 애쓰지 않고 살고 싶은데 순종해야 하고, 자기를 부인해야 하니 거듭난 자의 인생이 복잡하고 힘들어 보일 수 있습니다. 그러나 땀을 흘려 운동해야 몸이 튼튼해지듯이 지상의 삶에서 훈련을 받을 때 비로소 우리는 참된 기쁨을 누릴 수 있습니다.[81]

현재의 삶, 즉 지상의 삶에서 고생하고 참으면 하늘나라에서 행위에 대한 보상을 받을 것이라고 상상하는 것은 착각입니다. 상을 향해 나아가라는 말씀은 구원을 향해 전진하라는 뜻입니다. 우리에게 구원보다 더 큰 상이 어디에 있겠습니까? **우리는 이미 받은 상급으로 앞으로의 상급을 바라보며 나아가는 것입니다. 이미 임한 구원으로 장차 완성될 구원을 향해 나아가는 것입니다.** 하나님께선 이 사역을 성령 하나님께서 우리 안에 내주하심으로 인하여 우리의 삶 가운데 이루어지도록 일하십니다.

이보다 큰 은혜가 우리의 삶에 어디 있으며, 이보다 유익한 소식이 어디에 있을까요? 성령 하나님은 성부 하나님의 계획과 성자 하나님의 성취를 우리에게 적용하시는 분이십니다. 그것이 삼위일체 하나님의 구원입니다.

우리는 그리스도인의 참된 믿음의 삶을 다음과 같이 말할 수 있습니다.

참된 믿음의 삶이란, '미래를 묵상하며 자기를 부인하고 십자가를 지고 현재의

---

81) (롬8:18) 현재의 고난은 장차 우리에게 나타날 영광과 비교할 수 없도다.

삶을 최선을 다해 주님을 좇는 삶'입니다. 이 삶은 하나님의 주권 가운데 인간의 책임과 함께 우리의 삶에 이루어집니다. 할렐루야!

[학습 문제]

(1) 성령 하나님께서는 예수 그리스도의 구속 사역을 우리에게 어떻게 적용하십니까?

(2) 효력 있는 부르심은 우리에게 어떤 결과를 가져다줍니까?

(3) '이신칭의'란 무엇입니까? 또한 관련 성경구절을 기록해보십시오.

(4) 이중적인 전가란 무엇입니까?

(5) 거듭난 성도가 살아가야 할 삶은 무엇입니까?

[기록과 나눔]

_ 새롭게 알게 된 것

_ 결단할 것

KEYWORD

6

교회

1) 교회란?

성령 하나님은 성자 하나님께서 성취하신 구속 사역을 개인에게 적용시키십니다. 믿음을 선물로 주셔서 구속의 사실을 깨닫게 하십니다. 하나님의 사랑을 체험하도록 성실하게 이끄십니다. 그리고 자상한 아버지로서 우리를 돌보십니다. 우리가 하나님의 자녀가 되었지만, 지상의 삶에서 어려움을 겪기 때문에 서로 도와주면서 나그네의 삶을 풍성하게 맛보도록 하기 위해 하나님은 '교회'를 제정하셨습니다. 교회를 통해서 거듭난 경건한 자들은 서로를 돕고 의지하고 바라면서 하늘나라를 향해 나아갑니다.

하나님은 아버지이시고 교회는 어머니와 같습니다. 칼빈은 교회를 항상 성도들의 어머니로 비유하기를 좋아했습니다. 왜냐하면 교회는 선택된 자들을 불러 모이게 하여 그들을 양육하는 일을 하기 때문입니다.

교회 다니지 않아도 믿음을 유지할 수 있다는 생각을 가지는 것은 옳지 않습니다. 교회에서 일어나는 문제들로 인해 상처를 받아 마땅한 교회를 찾지 못하고 잠시 방황할 수 있으나 선택된 자라면 반드시 교회에 출석해야 합니다. 공산주의나 이슬람 국가에선 기독교 신앙을 유지하기가 어렵기 때문에 은밀하게 모임을 가지거나 개인적으로 신앙을 유지할 수밖에 없습니다. 이런 특수한 상황을 제외하고는 누구든 부름을 받은 자라면 교회에 출석하게 되어 있습니다.

교회란 쉽게 말해 세상으로부터(죄의 권세로부터) 부름을 받은 자들의 모임입니다. **성경은 두 종류의 교회를 언급합니다. 첫째는 불가시적 교회요, 둘째는 가시적 교회입니다.**

먼저 불가시적 교회는 '머리이신 그리스도 아래에 하나로 모였고 또는 앞으로 모이게 될 선택된 자들의 모든 수'를 의미합니다. 불가시적 교회는 다른 말로 '우주적 교회' 또는 '보편 교회'라고 불립니다. 이는 유기적 단일체입니다. 불가시적 교회는 하나님 앞에 실제로 있다는 의미로 사용됩니다. 구원받은 자들의 총체라고 말할 수 있습니다. 이들은 태초부터 선택된 모든 자를 의미합니다. 하나님에게는 가시적이지만 인간에게는 불가시적인 교회입니다. 이런 면에서 교회는 그분의 신부이고, 몸으로서 만물을 충만케 하시는 그분의 충만이라고 불립니다.

그리고 둘째로 가시적 교회입니다. 이는 조직체로서의 교회입니다. 온 세상의 모든 부름 받은 자들이 한꺼번에 같은 장소엔 모일 수 없기 마련입니다. 그러기에 시대, 지역, 문화, 성격 또는 상황에 따라서 교회는 모입니다. 모일 때는 선택된 자들만 모이는 것이 아니라 유기된 자들도 부름을 받은 자처럼 모일 수 있기 때문에 눈에 보이는 지상의 교회에선 선택받은 자들과 유기된 자들 모두 교회 안에 서로 섞이게 되어 있습니다. 우리는 이러한 교회를 '유형 교회' 또는 '지상(지역) 교회' 또는 '가시적 교회'라고 부릅니다. 그러기에 교회는 눈에 보이나 보이지 않으며, 건물이나 건물이지 않습니다.

불가시적 교회는 하나님만이 아실 수 있고 인간에게는 알려져 있지 않습니다. 우리가 교회라고 언급할 때는 불가시적 교회를 의도하면서도 가시적 교회에 대해서 논해야 합니다. 지상에서는 제한적인 가시적 교회만 있기 때문입니다. 불가시적 교회는 하늘나라에서 완성될 것이고 그분만이 아실 것이기 때문입니다.

그렇다면 지상 교회, 유형 교회가 존재하는 이유가 무엇일까요?

그것은 하나님의 자녀들(선택받은 자들)이 세상에서 훈련받아야 하는 연약한 자들이기 때문입니다. 성령께서 우리와 함께하셔도 우리의 죄성이 워낙 강해서 우리는 완강하게 고집을 피웁니다. 이 일에 대해 성령은 탄식하고 계신다고 말씀합니다. 이 모든 것을 극복하고 하나님 앞에 담대하게 서게 하기 위해 교회를 통해 보호받고 교훈을 받도록 하셨습니다. 그러기에 교회를 통해 성도들은 서로 격려하고 사랑하고 도우면서 경건을 훈련받아 그리스도에게까지 성장해 갑니다. 하나님은 사람들과 가시적인 사건을 통해 성도들을 보호하고 교훈을 받게 하시며 자신의 사랑과 아버지 되심을 알리십니다. 지상의 성도가 그러하듯이 지상의 교회는 여전히 불안합니다. 그러므로 지상의 성도가 그러하듯이 지상의 교회도 거룩을 향해 나아갑니다.

우리는 이러한 교회의 다양한 성격, 몇 가지 특징을 살펴볼 필요가 있습니다.[82]

첫째, 교회는 전투하는 교회이자 승리의 교회입니다.

현세의 교회, 지상 교회는 전투하는 교회입니다. 다시 말하면, 교회는 거룩한 싸움을 위해 부름을 받았으며 이 싸움에 실제로 참여하고 있다는 뜻입니다. 이는 단순히 교회 내에서의 싸움을 의미하는 것이 아닙니다. 이는 교회는 교회 내에서와 교회 밖에서 모습을 드러내는 적대 세력들과 흑암의 영적인 권세에 대항하여 부단한 전투를 수행하지 않으면 안 된다는 뜻입니다. 교회는 있는 힘을 다하여 주님의 싸움에 참여하여, 공격적이고 때로는 방어적인 전투를 수행해야 한다는 뜻입니다.

지상에서의 교회가 전투하는 교회라면 천상에서의 교회는 승리의 교회입니다. 천상의 교회에서 칼은 승리의 종려나무로 바뀔 것이며, 전쟁의 함성은 승리의 노래로 바뀔 것이고, 십자가는 면류관으로 대체될 것입니다. 싸움은 끝나고, 이긴 바 되고, 성도들은 그리스도와 함께 영원토록 다스릴 것입니다.

---

82) 루이스 벌코프, pp. 822-824.

둘째, 유형 교회(가시적 교회)와 무형 교회(불가시적 교회)입니다.

교회는 앞서 설명한 것과 같이 한편으로는 보이지만 다른 한편으로는 보이지 않는다는 뜻입니다. 유형 교회와 무형 교회가 모두 보편적이지만 두 교회가 모든 면에서 언제나 상응하는 것은 아니라는 사실을 염두에 두는 것이 매우 중요합니다. 무형 교회에 속한 어떤 회원들이 반드시 유형적 기관의 회원이 되는 것은 아닙니다.

예를 들어 임종의 자리에서 회개한 사람이라든가 범죄를 하여 잠시 동안 유형적 교회의 공동체로부터 출교당한 성도들이 그 예에 속합니다. 한편 그리스도를 고백하나 그에 대한 참된 믿음이 없는 거듭나지 않은 자녀나 성인들이 외형적인 기관으로서의 교회 안에 있을 수 있습니다. 그러나 그들이 그러한 상태로부터 벗어나지 않는 이상(거듭나지 않는 이상), 무형 교회에 소속되어 있다고 볼 수는 없는 것입니다.

셋째, 유기체로서의 교회와 조직체로서의 교회입니다.

이를 앞서 말한 무형 교회(불가시적 교회)와 유형 교회(가시적 교회)를 구분하는 것으로 헷갈려서는 안 됩니다. 이것은 유형 교회 안에서의 구분이요, 유형적 단체로 간주된 교회의 두 가지 다른 면들에 주목하는 구분입니다. 유기체로서의 교회는 '신자들의 공동체'인 반면, 조직체로서의 교회는 신자들의 어머니로서 '구원의 방편'이요, 죄인들을 개종시키고 성도들을 완전케 하는 역할을 담당합니다.

유기체로서의 교회는 영적 능력이 있는 교회입니다. 그 안에서 모든 유형의 은사들과 재능들이 나타나고 주님의 사업을 위하여 사용됩니다. 반면 조직체로서의 교회는 하나님께서 제정하신 직분들과 방편들을 통하여 제도적 형식과 기능들로 나타납니다. 양자는 어떤 의미에서 보면 서로 연합됩니다. 그러나 한편이 다른 한편에 종속하는 때도 있습니다. 조직체로서의 교회는 목적에 대한 수

단이요, 유기체로서의 교회에서 발견됩니다.

이러한 교회에 대한 정의를 세 가지 관점에서 정의하자면, 선택의 관점에선 '선택받은 자들의 공동체', 효력 있는 부르심의 관점에선 '하나님의 성령의 부르심을 받은 선택된 자들의 무리, 유효하게 부르심을 받은 자들의 몸, 신자들의 공동체', 세례와 고백의 관점에선 '자녀들과 더불어 참된 신앙심을 고백하는 자들의 공동체'라고 할 수 있습니다.

2) 참된 교회

우리는 이 땅 가운데 살아가며 참된 교회와 거짓된 교회를 어떻게 분별할 수 있을까요? 종교개혁자들은 거짓된 교회의 대명사인 로마 가톨릭으로부터 나올 때 무엇이 거짓된 교회이며 무엇이 참된 교회인지 우리에게 명확하게 알려주었습니다. 우리는 참된 믿음과 거짓 믿음을 잘 분별해야 합니다. 누군가를 판단하기 위해서가 아니라 자신을 돌아보기 위해 분별력을 키우는 것입니다.

교회가 분명히 하나로 있는 동안에는 참된 교회에 대한 표지의 필요성이 느껴지지 않았습니다. 그러나 이단(거짓 교회)이 일어났을 때, 참된 교회를 인식하는 표지가 무엇인지를 알 필요가 생긴 것입니다. 이 표지의 필요성에 대한 인식은 이미 초대 교회 때에 나타났으며, 중세 시대에 이르러서 불분명해졌다가, 종교개혁 시대에 다시 강하게 나타났습니다. 종교개혁 시대에 기존 교회는 크게 두 파로 나뉘었을 뿐만 아니라 개신교 자체는 여러 교회와 종파로 분열되었습니다. 그 결과로서 참된 교회와 거짓된 교회를 구분하는 표지가 필요하다는 것이 점점 절실해진 것입니다. 그러기에 지상 교회의 불완전함과 인간의 죄성을 중요시 여긴 종교개혁자들은 교회가 반드시 따라야 할 진리의 표준이 있다는 입장을 취했으며, 그 표준이 하나님의 말씀인 것을 인정했습니다.[83]

그들이 말하는 **참된 교회의 표지는 먼저 하나님의 말씀이 순전하게 선포되고 순전하게 들려지는 것**이었습니다. 이것은 가장 중요한 교회의 표지입니다. 말씀의 참된 선포는 교회를 유지하고 교회로 하여금 성도의 어머니가 되도록 하는 위대한 방편입니다.

이 표지를 교회에 돌린다고 해서, 교회에서 시행되는 말씀의 선포가 완전해야만 비로소 참된 교회로 간주될 수 있다는 뜻은 아닙니다. 그와 같은 이상적인 것은 이 세상에서는 도달할 수 없다고 봐야 합니다. 어떤 교회든 오직 교리의 상대적인 순수성만이 있을 뿐입니다.

그러나 교회가 진리를 그릇되게 가르치고 부인한다면 교회는 참된 성격을 잃어버리고 거짓 교회가 되는 것입니다. 신앙의 기본적인 조항들이 공적으로 거부되고, 교리와 삶이 더 이상 하나님의 말씀의 통제 아래 있지 않을 때, 그 교회는 더 이상 참된 교회라고 불릴 수 없습니다. 이런 점을 의식한 듯 사도 바울 역시 "누구든지 다른 교훈을 하며 바른 말 곧 우리 주 예수 그리스도의 말씀과 경건에 관한 교훈을 따르지 아니하면"(딤전6:3) 거짓 지도자라고 말합니다.

'바른'이라는 말은 순전하다는 뜻을 담고 있습니다. 몸에 좋은 건강식품처럼 영에 좋은 순전한 것을 의미합니다. 믿음의 성장(경건)에 필요한 영적 양분을 주는 것을 말합니다. 이 순전한 교훈, 즉 교리를 배웠다면 하나님을 참으로 경외하고 섬기고 아버지로 신뢰할 수 있게 됩니다. 거짓 성도들은 거짓된 말씀을 좋아합니다. 자신의 귀를 즐겁게 만들기 때문입니다. 이 시대가 가벼운 복음과 우리의 귀를 좋게 만드는 말씀들로 가득 차 있습니다. 그러나 하나님의 말씀을 하나

---

83) Ibid., p.834.

님의 말씀답게, 순전하게 선포하는 교회가 성경이 말하는 참된 교회입니다.

그리고 둘째는 성례[84]가 그리스도께서 제정하신 것에 따라 집행되는 것입니다. 성례는 말씀과 분리시켜서는 안 됩니다. 왜냐하면 성례는 그 자체가 고유한 내용을 가지는 것이 아니라 하나님의 말씀에 연유하기 때문입니다. 사실상 성례는 말씀의 가시적인 선포입니다. 쉽게 말해 눈에 보이는 말씀과 같습니다. 하나님께서 우리의 연약함을 아시기 때문에 가시적인 것들을 통해 하나님의 사랑을 보여주십니다. 율법이 그 가운데 하나였습니다.

연약한 인간은 율법을 통하지 않고는 하나님의 사랑을 바라기 어렵고, 곁길로 빠지기 쉽습니다. 이처럼 가시적 말씀이라 불리는 성례는 기록된 하나님의 말씀의 부속물입니다. 하나님께서는 가시적인 의식, 물체 또는 사건을 통해 성도들이 하나님의 사랑을 체험하도록 하셨습니다. 그 체험이 순전하기 위해 늘 기록된 말씀을 순전하게 선포해야 하는 것처럼 성례 역시 그리스도께서 제정하신 뜻을 따라 올바르게 집행되어야 합니다.

그리고 셋째로는 바른 권징, 권징의 신실한 시행입니다. 이것은 교리를 순수하게 지키고 성례의 거룩성을 수호하기 위하여 절대적으로 필요한 것입니다. 권징을 등한시하는 교회는 진리의 빛이 어두워지게 될 뿐만 아니라 거룩한 것을 남용하게 됩니다. 그러므로 지상에서 가능한 이상적인 교회를 유지하려고 하는 교회는 권징을 성실하고 부지런히 시행하지 않으면 안 됩니다. 하나님의 말씀은 그리스도의 교회 안에서 적절한 권징을 강조합니다. 교회는 세상의 칼을 휘두르는 것이 아니라 말씀의 검을 사용하여 성도를 돌이키는 일을 해야 합니다.

---

84) '성례'는 성찬과 세례를 의미합니다. 우리는 성례를 통해 하나님의 언약 백성 됨을 눈으로 확인하며 예수 그리스도를 통하여 하나님의 자녀 됨, 교회의 회원 됨을 기억하고 고백하게 됩니다.

교회가 참되게 나아가려면 기강이 확립되어야 합니다.

교회 일원 가운데 말씀에 따라 준행하지 않는 회원이 있으면 꾸짖어야 합니다. 이 사역은 목회자의 몫입니다. 목회자는 아버지의 심정으로 교회의 일원들을 훈계해야 합니다. 누군가는 이 꾸짖음이 싫어 가출할 수 있습니다. 하지만 진정한 자녀이자 성도이면 진심 어린 훈계를 그리워하며 교회로 돌아오게 될 것입니다. 교인들도 훈계 당시에는 심정적으로 상처를 받지만, 진심을 알고 나면 탕자의 비유에서의 둘째 아들처럼 돌이켜 순종할 것입니다.

교회가 훈계할 때는 온전한 방법을 사용해야 합니다. 회개하고 그리스도에게로 다시 돌아오게 하는 목적을 간과하지 않아야 합니다. 돌아오는 자를 죄인 취급해서는 안 됩니다. 언제든 사랑으로 대하여 가족의 품에 돌아오도록 해야 합니다. 부친의 재산을 다 써버린 둘째 아들인 탕자가 돌아오자 첫째 아들은 불만을 털어놓았습니다. 교회는 이와 같은 자세를 취해서는 안 됩니다. 돌아온다면 언제든 아버지의 사랑으로 수용해야 합니다. 권징의 방식으로 시행되는 '교정'과 '출교'는 폐하기 위함이 아니라 세우고자 함입니다. 교정은 고쳐서 제자리에 세우는 것이며 출교는 연합체를 떠나게 하되 다시 돌아올 길을 여는 것입니다. 이와 같은 바른 권징, 그것이 참된 교회의 표지입니다.

현대 한국 교회가 많이 어지럽습니다. 그러나 참된 교회와 거짓된 교회를 구별하는 것은 교리를 통하면 그렇게 어렵지 않고 쉬운 일입니다. 진리에 대해 또는 진실한 신앙에 조금이라도 관심과 지식을 갖고 있다면 구별하기 쉽습니다. 교회 역사를 볼 때 참된 교회보다 거짓된 교회가 훨씬 많았습니다. 타락한 교회의 대명사인 로마 가톨릭에서 빠져나와 초대교회로 돌아간 종교개혁 역시 한 세대가 지난 후 부패했음을 쉽게 알 수 있습니다. 한국 교회 또한 그렇습니다. 여기저기서 상처받고 멍들고 썩은 냄새를 세상에 피우고 있고, 그에 대한 비난 역시 거셉니다. 더 추한 것은 실제 삶보다도 진리를 왜곡하거나 묻어두고 있는 것입니다. 진리를 너무도 가볍고 값싼 제품처럼 덤핑 판매하고 있습니다. 기독교인은 세상 가운데 무기력한 존재로 살아가고 있습니다. 이는 시간이 해결하는 것이 아닙니다. 막연한 기대로 단순하게 회복되는 것이 아닙니다.

오늘날을 살아가는 우리로부터, 바른 말씀 선포와 바른 성례의 집행과 바른 권징이 일어나야 합니다. 이러한 변화가 우리 가운데 일어나지 않는다면 한국 교회는 낭떠러지로 떨어지고 말 것입니다. 또한 이는 한국 교회만을 지칭하는 것이 아니요, 우리의 신앙 또한 그러할 것입니다. 그러기에 참된 교회를 바른 말씀을 기반으로 세우는 일은 우리의 삶에 막대한 영향을 끼치는 일입니다. 이 일을 위해 힘쓰시고 더욱 힘쓰십시오. 기도로, 행동으로 살아내십시오.

3) 은혜의 방편

은혜의 방편(수단)이란 일반적인 모든 은혜가 아니라 선택받은 자들이 구원을 얻는데 필요한 순수한 영적 은혜를 받는 방편을 말합니다.[85] 전통적으로 교회에게 주어진 은혜의 방편을 말씀과 성례 두 가지로 보는 루이스 벌코프와 같은 견해가 있고, 또 한 가지, 기도를 더하여 세 가지를 말하는 찰스 핫지와 웨스트민스터 대요리문답과 같은 견해가 있습니다.

이러한 은혜의 수단은 그 자체로 내재적인 효능을 가지고 있지는 않습니다. 이는 그저 성령 하나님께서 우리에게 은혜를 주심에 있어서 사용하는 방편일 뿐

---

85) 김지호, 개혁교의학 (III), 칼빈대학교 출판부, 2006, p.166.

이고, 이러한 은혜의 방편들은 하나님께서 은혜를 주시려고 제정하신 것입니다. 하나님께서는 말씀과 성례, 기도라는 은혜의 방편을 벗어나 무관한 방법으로 은혜를 주시지 않으십니다. 이 교리는 은혜의 방편의 필요성을 부인하는 신비주의자들을 비판하는 것입니다. 하나님은 질서의 하나님이시므로 은혜를 주시고자 할 때 통상적으로 자신이 제정하신 방편을 사용하십니다.[86] 그러나 한 가지 점에 있어서, 곧 새 생명을 심는 일에 있어서는, 하나님의 은혜가 이 방편들을 사용하지 않고도 직접 작용합니다.

그러나 그와 같은 경우에 있어서도 그 은혜는 오직 은혜의 방편의 영역 안에서만 작용합니다. 왜냐하면 이 방편들은 새 생명을 끌어내고 양육하는 데 절대적으로 필요하기 때문입니다. 교리문답은 은혜의 방편을 부지런히 사용하라고 말합니다.[87] 그렇기 때문에 성경은 우리가 함께 모이는 것을 폐하지 말 것을 우리에게 경고합니다.[88]

신비주의자들을 비롯한 많은 사람들이 하나님의 능력을, 희귀하고 이상한 것에서 찾으려 합니다. 이미 주어진 충분한 하나님의 계시가 있음에도 불구하고 이름난 전도자가 그 마을에 오거나 혹은 그들이 무언가 새로운 것을 찾으려고 여기저기를 돌아다닙니다. 그러나 그런 이들은 대개 은혜를 주시는 하나님의 일상적인 방편인 말씀을 규칙적으로 보고 듣는 것을 무시합니다. 그들은 성례나 개인적인 말씀 묵상과 기도까지도 무시합니다. 또는 균형을 잃어버리고 말씀을 벗어나 지나친 한 가지를 강조하곤 합니다. 그러나 하나님의 은혜는 기묘하거나 이상한 것에서 발견되는 것이 아니고 이미 말씀을 통해 기록된 은혜의 방편들을

---

86) 루이스 벌코프, p.870.

87) 웨스트민스터 소요리문답 제88문, 문: 그리스도가 우리에게 구속의 은혜를 전달하시는 외적인 방편이 무엇입니까?; 답: 그리스도가 우리에게 구속의 은혜를 전달하시는 외적인 보통 방편은 그의 규례인데 특히 말씀과 성례와 기도이며, 이 모든 것이 구원을 위하여 택함을 받은 자들에게 효력이 있는 것입니다.

88) (히10:25) 모이기를 폐하는 어떤 사람들의 습관과 같이 하지 말고 오직 권하여 그 날이 가까움을 볼수록 더욱 그리하자.

통해 주어집니다.[89]

우리는 영생을 구할 뿐 아니라
옳은 길을 구해야 합니다.

그것이 참된 성도의 나아갈 방향입니다. 우리는 은혜를 구할 때, 우리에게 주신 은혜의 방편들을 행해야 합니다. "그러므로 형제들아 더욱 힘써 너희 부르심과 택하심을 굳게 하라 너희가 이것을 행한 즉 언제든지 실족하지 아니하리라 이같이 하면 우리 주 곧 구주 예수 그리스도의 영원한 나라에 들어감을 넉넉히 너희에게 주시리라"(벧후1:10-11). 이 세 가지 방편으로서의 말씀과 성례와 기도는 모두 하나님께서 성도들에게 주신 하나님의 특별한 배려입니다.

그러나 오늘날 한국교회 안에 모든 것이 원만하게 이루어지고 있지 않다는 안타까움이 있습니다. 그것은 하나님의 말씀이 말씀답게 전해지고 있지 않다는 이유이고, 성례는 너무나 적게 시행됨으로 성례를 통한 은혜를 장려하는 일에 게을리 하고 있지는 않은가 하는 것이고, 기도는 인간의 필요를 인간의 방법으로 성취 가능한 것으로 오해하는 데서 오는 문제라고 보입니다.

그러나 하나님의 은혜로만이 풍성한 삶이 가능하다면 하나님께서 허락하신 은혜의 수단들을 효과적으로 활용하는 것이야말로 매우 필요합니다. 하나님이 주신 은혜의 방편들을 활용하여 풍성한 삶, 은혜가 넘치는 교회의 모습으로 한국교회와 이 세상의 모든 주님의 교회들이 회복할 수 있기를 소망합니다.[90]

---

89) (행2:42) 그들이 사도의 가르침을 받아 서로 교제하고 떡을 떼며 오로지 기도하기를 힘쓰니라.
90) 김지호, 개혁교의학 (III), p. 211.

[학습 문제]

(1) 칼빈이 교회를 성도들의 어머니라고 말한 이유는 무엇입니까?

(2) 참된 교회의 표지가 필요한 이유는 무엇입니까?

(3) 오늘날의 한국 교회를 다시 바로 세우기 위해 우리가 해야 할 노력은 무엇입니까?

(4) 은혜의 방편 세 가지는 무엇인지 기록하고, 관련 성경 구절도 함께 기록해보십시오.

(5) 은혜의 방편의 필요성은 무엇입니까?

[기록과 나눔]

_ 새롭게 알게 된 것

_ 결단 할 것

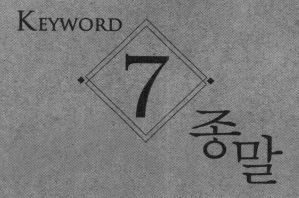

Keyword

7

종말

1) 그리스도의 재림

우리는 마지막 핵심 키워드인 '종말'까지 왔습니다. 우리는 이러한 '종말론'이라는 주제를 '마지막 일들'이라고 표현할 수 있습니다. 종말론은 마지막 일들을 다룹니다. 이러한 종말론은 개인적 종말, 즉 죽음 후에 개인에게 일어나는 것과, 역사적(우주적) 종말, 즉 이 세상을 심판하기 위해 오시는 그리스도의 재림과 그 이후를 포함합니다.[91]

종말론에 있어서 주요한 사건은 그리스도의 귀환 또는 그리스도의 재림입니다. 불신자들도 과거에 발생한 사건의 패턴에 근거해서 미래의 사건에 관해 그럴듯한 예언을 할 수 있지만, 인간 경험의 본질을 볼 때 인간 스스로는 미래를 알 수 없음이 분명합니다. 따라서 불신자들은 미래에 일어날 일들에 대한 확실한 지식을 소유할 수 없습니다.

그러나 성도의 삶은 다릅니다. 우리는 앞으로 일어날 일들에 대하여 모든 것을 알 수는 없지만, 하나님은 앞으로 장차 일어날 일들에 대하여 모든 것을 아시기에 우주의 역사 가운데 일어날 중요한 사건들에 관하여 성경을 통해 우리에게 말씀해 주셨습니다.[92]

1-1) 예수님은 갑자기, 가시적으로 재림하십니다.

가장 먼저, 예수님께서는 갑자기 가시적으로, 즉 육체적으로 재림하실 것임을 성경은 우리에게 말해주고 있습니다. 예수님께서는 재림에 관해 말씀하시면서, "이러므로 너희도 준비하고 있으라 생각하지 않은 때에 인자가 오리라"(마24:44),

---

91) 존 프레임, 존 프레임의 조직신학, 김진운 역, 부흥과개혁사, 2017, p.1085
92) 웨인 그루뎀, 웨인그루뎀의 조직신학 하, 노진준 역, 은성, 1997, p.385.

"내가 다시 와서 너희를 내게로 영접하여 나 있는 곳에 너희도 있게 하리라"(요 14:3)고 하셨습니다. 이뿐만이 아닙니다. 성경의 많은 가르침은 우리에게 그리스도의 재림에 관하여 분명하게 말해줍니다(행1:11; 살전9:28; 약5:8; 벧후3:10; 요일3:2; 계 22:20). 예수님의 다시 오심, 재림은 단순한 신화적 요소가 아닌 가시적인 일입니다. 성경은 너무 확실하게 가시적인 예수님의 재림을 증거합니다. 예수님께서는 하늘로 올라가신 그대로 다시 오신다는 뜻입니다.

1-2) 성도는 예수님의 재림을 사모해야 합니다.

계시록 끝에 있는 "아멘 주 예수여 오시옵소서"라는 대답은 시대를 막론하고 모든 그리스도인의 심정을 대변해야 합니다. 참된 기독교는 "근신함과 의로움과 경건함으로 이 세상에 살고 복스러운 소망과 우리의 크신 하나님 구주 예수 그리스도의 영광이 나타나심을 기다리며" 살도록 우리를 양육시킵니다(딛2:12-13). 그러기에 바울 또한 우리의 시민권이 하늘에 있음을 말한 것입니다.[93]

여러분은 과연 예수님의 재림을
기도하며 고대하고 기다리고 있습니까?

그리스도인들이 이 세상에서의 좋은 것들을 즐기는 데 빠지면 빠질수록 그리스도와의 참된 인격적인 교제를 소홀히 하고 주님의 재림을 덜 고대하게 됩니다.[94] 또한 덜 고대하는 것은 그것이 부담스럽고 우리의 죄스러움이 드러날 것을 두려워하기 때문입니다. 이것은 고대하지 않는 것과 같은 자세입니다.

---

93) (빌3:20) 그러나 우리의 시민권은 하늘에 있는지라 거기로부터 구원하는 자 곧 주 예수 그리스도를 기다리노니.
94) 웨인 그루뎀, 웨인그루뎀의 조직신학 하, p.388.

반면에 고난과 핍박을 겪고 있는 그리스도인들이나 나이가 많이 들고 장애가 있는 사람들, 그리고 그리스도와의 매일 매일의 삶이 활력이 있고 깊이가 있는 사람들은 주님의 재림을 더욱 고대하는 삶을 살아갈 것입니다. 어떤 의미에선 우리가 실제로 주님의 재림을 얼마나 고대하냐에 따라 우리의 신앙의 정도(영적 상태)를 파악할 수 있는 척도가 되기도 합니다.

1-3) 성도는 예수님께서 언제 재림하실지 알지 못합니다.

예수님께서 언제 재림하실지 우리는 알지 못하고 알 수 없음을 증거하는 성경 구절들이 여럿 있습니다(마24:44; 마25:13). 또한 예수님께서는 "그러나 그 날과 그 때는 아무도 모르나니 하늘에 있는 천사들도 아들도 모르고 아버지만 아시느니라 주의하라 깨어 있으라 그 때가 언제인지 알지 못함이니라"(막13:32-33)라고 말씀하셨습니다. 그 날과 시는 알지 못하지만 달과 해는 알 수 있다고 말하는 것은 이 구절이 증거하는 바를 왜곡시킨 억지에 불과합니다.

분명한 사실은 예수님이 우리가 기대하지 않았던 때에,[95] 생각하지 않은 때에 오신다는 것입니다.[96] 성경의 구절들이 강조하고자 하는 것은, 주님은 자신이 재림하실 때를 우리가 알지 못한다고 말씀하셨다는 사실입니다. 주님은 생각하지 않은 때에 오실 것이므로 우리는 항상 그 재림에 대비하고 있어야 하는 것입니다. 따라서 언제 주님께서 오실는지 구체적으로 안다고 주장하는 사람들은 모두 잘못되었다는 결론에 이를 수 있습니다.

1992년 10월 28일 우리나라에 있었던 '다미선교회 사건'을 아십니까? 다미선교회의 이름은 '다(다가올) 미(미래를 준비하라)'를 의미합니다. 다미선교회는 1992년

---

95) (마24:44) 이러므로 너희도 준비하고 있으라 생각하지 않은 때에 인자가 오리라.
96) (눅12:40) 그러므로 너희도 준비하고 있으라 생각하지 않은 때에 인자가 오리라 하시니라.

10월 28일에 전세계가 종말할 것이며 믿는 자들의 휴거가 일어날 것이라는 시한부 종말론을 주장했고 기독교계에 큰 파장을 일으켰습니다. 한 철도 공무원은 시한부 종말론의 설교 테이프를 열차 안에서 틀다가 해직된 사례도 있고, 서울 마포구 합정동에서는 30대였던 주부가 중학교 1학년의 아들을 데리고 경남 지역으로 선교를 가겠다고 가출한 사건도 있었으며, 부산에서는 부동산을 매각해 당시 1억 원을 헌금한 사례도 있었으며, 전라남도 강진군에서는 한 여고생이 부모가 다미선교회로 가지 못하게 한다는 이유로 자살을 하기도 했습니다. 결정적인 순간, 다미선교회가 외친 10월 28일 0시가 되었을 때, 과연 예수님께서 오셨을까요? 그렇지 않습니다. 아무 일도 일어나지 않았습니다.

이처럼 날짜와 시간을 정해서 "예수님이 오신다"라고 말하는 자들은 극단적인 시한부 종말론자들이며 그들은 이단입니다. 마찬가지로 여호와의 증인들도 여러 번 예수님의 재림을 예언했지만 모두 맞지 않았습니다. 교회사엔 수없이 많은 그리스도의 재림을 예언한 사건이 있었지만 안타깝게도 많은 사람이 여전히 그러한 주장에 현혹되곤 합니다. 왜냐하면 예수님께서 재림하실 날을 안다면 사람들은 자신이 가지고 있던 장기적인 계획과 진행하던 일을 그만둘 수 있기 때문입니다. 자녀들을 학교에 보내지 않아도 되고, 집을 팔고, 직장을 그만두고, 교회나 다른 곳에서 장기적인 일들을 모두 포기할 것입니다. 그들은 기도와 전도에 더욱 열심을 내겠지만, 그들의 비합리적인 행동은 결국 전도에 아무런 결실도 맺지 못할 것입니다. 더욱이 그들은 주님의 재림의 때는 아무도 모른다고 한 성경 말씀에 불순종함으로써 하나님과의 교제나 기도에도 지장을 받게 될 것입니다. 재림의 때를 우리가 알 수 있다는 주장은 누구든지 잘못된 것으로 간주해야 합니다.[97)]

---

97) 웨인 그루뎀, 웨인그루뎀의 조직신학 하, p.390.

1-4) 재림의 마지막 결과

예수님의 재림에 대한 마지막 결과는 결국 불신자들에 대한 최종적인 심판과 신자(성도)들에 대한 상급, 그리고 성도가 새 하늘과 새 땅에서 그리스도와 함께 영원히 살게 되는 것이라는 데 의견을 같이합니다. 이에 대해서는 모든 복음주의자들이 동의하는 바입니다. 성부와 성자와 성령께서는 죄도 없고 고통도 없는 곳에서 영원토록 경배를 받으시며 통치하실 것입니다.[98]

2) 천국과 지옥

2-1) 중간 상태

웨스트민스터 소요리문답 제37문
문: 신자가 죽을 때 그리스도에게서 무슨 유익을 받습니까?
답: 신자가 죽을 때 그 영혼이 완전히 거룩하게 되어[99] 즉시 영광 중에 들어가고,[100] 그 몸은 여전히 그리스도께 연합하여[101] 부활할 때까지 무덤에서 쉬게 되는 것입니다.[102]

죽음 후에 우리에게 무슨 일이 일어날까요? 물론 우리는 계속해서 살 것입니다. 의인들과 악인들 모두 계속해서 존재합니다. 죽음 후 우리의 삶에는 두 단계

---

98) Ibid., p. 391.
99) (히12:23) 하늘에 기록된 장자들의 모임과 교회와 만민의 심판자이신 하나님과 및 온전하게 된 의인의 영들과.
100) (눅23:43) 예수께서 이르시되 내가 진실로 네게 이르노니 오늘 네가 나와 함께 낙원에 있으리라 하시니라.
101) (살전4:14) 우리가 예수께서 죽으셨다가 다시 살아나심을 믿을진대 이와 같이 예수 안에서 자는 자들도 하나님이 그와 함께 데리고 오시리라.
102) (사57:2) 그들은 평안에 들어갔나니 바른 길로 가는 자들은 그들의 침상에서 편히 쉬리라.

KEYWORD 07. 종말 **117**

가 있습니다. 신학자들은 첫 번째 단계를 중간 상태라 부르고, 두 번째 단계를 영원한 상태라 부릅니다. 우리는 이 상태에 대해서 살펴볼 것입니다.

아우구스티누스 시대 이래로 기독교 신학자들은 사망과 부활 사이에서 인간의 영혼은 구원의 완성을 기다리거나 심판의 완료를 기다리면서 안식을 누리거나 고통을 당한다고 가르쳐 왔습니다. 중세 시대에도 신학자들은 이런 견해를 계속 가르쳤고 연옥 교리를 발전시켰습니다. 종교개혁자들은 연옥 교리는 배척했지만, 중간 상태는 계속 고수했습니다. 영혼은 죽음과 부활 사이에서 단지 잠을 잘 뿐이라고 가르친 당대의 재세례파에 대해 응답한 『영혼수면설 논박』(Psychopannychia)에서 칼빈은 신자들에게 있어서 중간 상태는 복되면서도 더 큰 복을 기대하는 상태이며 따라서 그 복됨은 잠정적이고 불완전한 것이라고 가르쳤습니다. 그때 이후로 중간 상태 교리는 개혁신학자들이 계속 가르쳐 왔고 개혁파 신앙고백서[103]에도 반영되고 있습니다.[104]

먼저 '**중간 상태**'라 불리는 우리의 상태입니다. 인간은 죽음으로 최종 상태에 도달하지 않습니다. 그렇다고 죽기 이전과 똑같은 상태에 머무는 것도 아닙니다. 이것은 중간 상태입니다. 즉, 인간의 현재 상태와 최종 상태의 사이에 존재하는 것입니다.[105] 이것은 죽은 자들이 최후의 심판과 육체의 부활을 기다리는 시간 간격입니다. 이 시간 동안 의인들이 경험하는 것은 악인들이 경험하는 것과 매우 다릅니다. 성경은 분명하게 죽음 후에 신자들이 즉시 그리스도와 함께 있게 된다고 가르칩니다. 그리스도는 성부의 오른편에 있고 성경에서 성부의 처소를 종종 천국으로 부르기 때문에, 우리는 신자들이 죽을 때 천국으로 간다고 말

---

103) 하이델베르크 교리문답 57문, 벨기에 신앙고백서 37조, 웨스트민스터 신앙고백서 32장(또는 34장), 웨스트민스터 소교리문답 37문, 웨스트민스터 대교리문답 86문, 87문.
104) 앤서니 후크마, 개혁주의 종말론, 이용중 역, 부흥과개혁사, 2012, pp. 135-136.
105) G. I. 윌리엄슨, p. 184.

할 수 있습니다. [106)

성경은 신자의 영혼은 몸과 분리되면 그리스도 앞으로 간다고 가르치고 있습니다. 바울도 "몸을 떠나 주와 함께 거하기를 원한다"(고후5:8)고 말했고, 빌립보 교인들을 향해서는 "떠나서 그리스도와 함께 있을 욕망을 가졌다"(빌1:23)고 말했습니다. 또한 예수님께서도 회개한 강도에게 "오늘 네가 나와 함께 낙원에 있으리라"(눅23:43)는 즐거운 확신을 심어주셨습니다. 고린도후서 12:3-4에 비추어 볼 때, [107) 낙원은 천국의 다른 표현임에 틀림없습니다. 이러한 말씀들로 비추어볼 때, 성도에게 미래는 참으로 살아 있고, 완전한 의식을 가지고 있는 상태이며, 안식과 무한히 복된 상태라고 볼 수 있습니다. [108)

신자들에게 중간 상태가 어떠한 모습인지에 대하여 상세하기 답하기는 어렵습니다. 왜냐하면 성경은 이 상태에 대해 거의 언급하지 않기 때문입니다. **그러나 중요한 것은 중간 상태에서 우리는 주님과 함께 있고 주님은 우리와 함께 있다는 것입니다.** 즉, 주님은 우리와 함께하시는 임마누엘의 하나님이십니다. 이것은 최종 상태가 아닙니다. 우리가 주님과 함께 있지만, 우리가 고대하는 훨씬 많은 것이 있습니다. 그리고 우리가 일반적으로 생각하는 것과 반대로, 중간 상태에 있는 성도는 완벽하게 행복하지 않으며 또한 완벽하게 만족하지 않습니다. 그들은 하나님의 계획의 완성을 고대합니다.

우리는 순교자들에 대해 말하는 요한계시록 6장 10-11절의 말씀을 주목해야 합니다. "큰 소리로 불러 이르되 거룩하고 참되신 대주재여 땅에 거하는 자들을 심판하여 우리 피를 갚아 주지 아니하시기를 어느 때까지 하시려 하나이까 하니 각각 그들에게 흰 두루마기를 주시며 이르시되 아직 잠시 동안 쉬되 그들의

---

106) 존 프레임, p. 1085.
107) (고후12:3-4) 내가 이런 사람을 아노니 (그가 몸 안에 있었는지 몸 밖에 있었는지 나는 모르거니와 하나님은 아시느니라) 그가 낙원으로 이끌려 가서 말로 표현할 수 없는 말을 들었으니 사람이 가히 이르지 못할 말이로다.
108) 루이스 벌코프, p. 948.

동무 종들과 형제들도 자기처럼 죽임을 당하여 그 수가 차기까지 하라 하시더라"(계6:10-11). 이런 부르짖음에는 갈망하는 거룩한 불만족이 있습니다. 영화롭게 된 성도들은 완전하게 되었습니다. 그들의 부르짖음은 죄악된 것이 아니고, 겟세마네 동산에 예수님처럼 그들은 하나님의 뜻의 진행에 대해 고심하는 것입니다.[109]

그렇다면 천국에 있는 성도들은 물질적일까요? 비물질적일까요?

우리는 그들이 육체에서 분리되어 비물질적이라고 생각할 수 있습니다. 하지만 특별히 인간을 영적일 뿐 아니라 물질적인 존재로 보는 성경적 이해를 고려할 때, 인간이 육체에서 분리된 상태로 산다는 것을 이해하기 쉽지 않습니다. 인간이 육체에서 분리되었다는 것은, 확실히 그들이 완전하게 된 존재로서가 아니라 불완전한 존재로서 사는 것입니다. 성경에 따르면 우리가 고대하는 것은 영혼이 육체에서 벗어난 삶이 아니라 몸이 부활하는 삶이기 때문입니다.

그럼 중간 상태에 악인들은 어디에 있을까요? 그들은 고통 가운데서 심판을 기다리고 있습니다. 부자와 나사로에 대한 이야기는 단순한 이야기가 아닙니다. 이 이야기는 내세가 실제로 어떤지에 대한 예수님의 견해를 묘사합니다. 가난한 나사로는 아브라함의 품에 있습니다. 그러나 부자는 어떤 자비도 받지 못한 채 고통을 받고 있지 않습니까. 누구도 한 장소에서 한 장소로 건너갈 수 없습니다. 이 사실은 우리에게 비록 최후의 심판이 남아 있지만 우리의 영원한 운명은 죽을 때 정해진다는 것을 말해줍니다. 죽음 이후에 누구도 의로움에서 악함으로

---

109) 존 프레임, pp. 1087-1088.

변화될 수 없습니다. 또한 악인이 죄를 회개할 수 없고 하나님이 그들을 영접할 수도 없습니다. [110]

2-2) 영원한 상태

예수님이 이 땅에 재림하실 때 예수님은 자신과 함께 모든 성도를 데려오실 것입니다. [111] 그들의 몸은 땅에서 부활할 것이고 이 땅에 살아 있는 신자들은 공중에서 주를 만나기 위해 끌어 올려 갈 것입니다. [112] 공중에서 예수님을 영접하기 위해 끌어 올려 가는 것을 우리는 **'휴거'**라고 부릅니다.

휴거 다음엔 하나님의 최후의 심판이 옵니다. 하나님의 최후 심판은 의인과 악인 모두에 대한 재판관이신 하나님의 심판입니다. 심판은 철저합니다. 모든 행위, 실제로 가졌던 모든 생각이 하나님의 심판을 받을 것입니다. 모든 비밀이 공개될 것이고 하나님은 그것들을 심판하실 것입니다. 물론 누구도 하나님 앞에 모든 것이 완벽하게 만족스러운 것은 아닙니다. 따라서 그리스도 밖에 있는 사람들에 대한 심판은 언제나 부정적이고, 그 형벌은 사망밖에 없습니다. 이 형벌은 영원합니다.

최후 심판은 성도들도 포함됩니다. 물론 우리는 그리스도로 인해 영원한 정죄에 대한 두려움이 전혀 없습니다. 오직 '그리스도 안에' 거하기 때문입니다. **예수 그리스도 안에 있는 자들에게는 어떤 정죄도 없습니다.**

---

110) Ibid., p. 1088.
111) (살전3:13) 너희 마음을 굳건하게 하시고 우리 주 예수께서 그의 모든 성도와 함께 강림하실 때에 하나님 우리 아버지 앞에서 거룩함에 흠이 없게 하시기를 원하노라.
112) (살전4:16-17) 주께서 호령과 천사장의 소리와 하나님의 나팔 소리로 친히 하늘로부터 강림하시리니 그리스도 안에서 죽은 자들이 먼저 일어나고 그 후에 우리 살아 남은 자들도 그들과 함께 구름 속으로 끌어 올려 공중에서 주를 영접하게 하시리니 그리하여 우리가 항상 주와 함께 있으리라.

예수님께서 재림하실 때, 이전에 우리가 경험하던 모든 고통은 끝이 납니다. 그리고 피조물은 새로운 무언가를 낳습니다. 성경은 이런 새로운 실재를 새 하늘과 새 땅으로 말합니다.[113] 새로운 하늘과 새로운 땅은 실재할 것입니다. 먹고 마시는 것이 있을 것이고(눅22:18; 계19:9, 22:1,2), 도로가 있는 도시를 통해서 여행할 것입니다(계21:10-11, 21-26). 의심의 여지가 없이 요한계시록에 등장하는 새 예루살렘에 대한 묘사 대부분이 상징적이지만, 이것은 분명히 어떤 과장되고 완성된 형태의 물질적 실재(세계)를 묘사합니다.[114]

예수님이 다시 오신 후, 부활한 우리의 육체는 소멸하지 않을 것이고, 강력할 것이고 영적일 것입니다. 이전보다 더욱 좋을 것입니다. 그리고 우리는 요한계시록이 암시하는 것처럼, 대부분의 시간을 예배하며 보낼 것입니다. 좁은 의미로 예배는 하나님을 찬양하기 위해 모이는 특정한 시간을 의미하지만, 넓은 의미에서의 예배는 우리의 영적 예배로, 우리 몸을 산 제사로 드리는 것입니다. 새로운 창조 세계에서 해야 할 많은 일들이 있을 것입니다.

우리는 그 곳에서 영원토록 하나님을 예배할 것입니다. 흔들림 없이 말입니다!

이러한 영원한 상태에서 신자들에게 임한 가장 큰 복은 하나님 자신의 임재입니다. 우리는 영원히 예수님과 함께 살고 하나님을 대면하여 보게 됩니다. 죄는 우리가 하나님과 친밀함을 갖는 것을 방해하는 커다란 장애물입니다. 그러나 이제 더 이상 그 장애물은 우리에게 다가오지 못하며 우리를 결박하려 하지 못합

---

113) (벧후3:13) 우리는 그의 약속대로 의가 있는 곳인 새 하늘과 새 땅을 바라보도다.
114) 존 프레임, p. 1089.

니다. 우리는 이제 죄책에서뿐 아니라 우리 삶에 있는 죄의 권능과 존재에서 영원히 분리됩니다. 하나님의 임재 안에 기쁨이 있습니다. 성도는 그 삶을 영원한 하나님의 나라 천국에서 살아가게 됩니다.

그리고 우린 마지못한 마음으로 영원한 복된 상태의 반대 측면, 즉 예수 그리스도 밖에 있는 사람들 곧 악인들의 영원한 형벌에 대해서도 살펴봐야 합니다. 하나님의 진노는 끔찍할 것입니다. 물론 성경에서 볼 수 있는 하나님의 진노는 주로 현세에서 일어나는 일에 관한 것입니다. 영원한 상태에서의 심판은 이생이 끝난 후의 심판이며 결코 두 번째 기회는 주어지지 않습니다. 그리고 영원합니다. 어떤 이들은 비록 연기와 불은 영원히 계속되지만 악인들의 고통은 끝이 있다고 말하려고 힘썼습니다. 이런 견해를 '영혼 멸절설'이라고 부릅니다. 즉 악인들이 영원히 벌을 받는 것이 아니라 어떤 시점에 그 존재가 단순히 소멸된다는 것입니다. 하지만 성경은 그 반대를 제시합니다. 불이 계속될 뿐 아니라 악인들의 고통도 영원히 계속될 것입니다.[115]

3) 이미와 아직 사이

성도는 '이미'와 '아직' 사이에 살아가는 자들입니다. 그 이유로 우리는 이미 임한 하나님의 나라[116] 가운데 앞으로의 하나님의 나라를 향해 나아가는 자들이기 때문입니다. 예수님 또한 하나님의 나라가 현재인 동시에 미래이며 영생은 현재의 소유인 동시에 미래의 소망이라고 가르치셨습니다. 우리는 '이미'와 '아직' 사

---

115) (계14:11) 그 고난의 연기가 세세토록 올라가리로다 짐승과 그의 우상에게 경배하고 그의 이름 표를 받는 자는 누구든지 밤낮 쉼을 얻지 못하리라 하더라.
116) '하나님의 나라'는 통치의 개념입니다. 그러기에 하나님께서 우리의 주인 되시며 통치하시는 구원의 그 순간, 우리는 '이미' 하나님의 나라 가운데 살아가는 것이며, 앞으로 장차 다가올, '아직' 임하지 않은 완성된 하나님의 나라를 향해 나아가는 것입니다.

이의 긴장 가운데 살아가며 그러기에 우리의 삶은 마냥 무책임한 삶이 아님을 알아야 합니다. 역사의 완성은 그리스도 안에서 '이미' 이루어졌지만, 또한 '아직' 이루어지지 않았습니다. 왜냐하면 더 많은 것이 임해야 하기 때문입니다.

따라서 예수님은 자신이 이룬 구속으로 죄의 권세를 멸하셨지만, 죄는 그리스도의 재림까지 우리를 놓아주지 않을 것입니다. 그리스도가 원칙적으로 사탄을 멸하셨지만, 이 승리는 그리스도의 재림까지 완성되지 않을 것입니다.

우리는 항상 이러한 '이미'와 '아직'의 긴장 가운데 있는 삶을, 시대를 살아갑니다. 그리고 이 시기에 우리가 싸워야 할 전투가 많이 있습니다.

시대와 싸워야 하며, 불완전한 교제 가운데 있는 지상의 교회에서 우리의 신앙을 지키기 위하여서도, 누군가를 용서하기 위해서도 싸워야 하며, 우리 안에 잔재하는 죄와의 싸움을 현세에서 평생하기 위해서도, 승리를 확신하며 싸워나가기 위해서도 고난 가운데 은혜를 누리기 위해서도, 슬픔 가운데 기쁨을 만끽하기 위해서도 우리는 이 긴장을 놓쳐서는 안 됩니다.

결론적으로 우리는 그리스도 안에서 이미 이루어진 우리의 현재 모습과 언젠가 그렇게 되기를 소망하는 모습 사이의 긴장에 비추어 그리스도인으로서의 삶 전부를 살아 내야 한다고 결론을 맺을 수 있습니다. 우리는 예수 그리스도의 완성된 사역과 결정적 승리를 감사함으로 되돌아봅니다. 또한 우리는 앞으로 그리스도의 영광스러운 나라의 마지막 국면을 시작하시고 우리 안에서 시작하신 선한 일을 완성하실 그리스도의 재림을 간절히 고대하며 바라봐야 합니다.[117]

그리스도의 재림이 우리에게 주는 함축적인 의미는 **'격려'**입니다. 그리스도의

---

117) 앤서니 후크마, 개혁주의 종말론, p. 113.

재림은 우리에게 오늘날 그리스도를 위한 우리의 수고가 결코 헛된 것이 아님을 보여줍니다. 바울은 "그러므로 내 사랑하는 형제들아 견실하며 흔들리지 말고 항상 주의 일에 더욱 힘쓰는 자들이 되라 이는 너희 수고가 주 안에서 헛되지 않은 줄 앎이라"(고전15:58)라고 말합니다. 이는 다른 것과 비교할 수 없는 큰 위로입니다. 이 세상의 것들은 모두 불타 없어질 것이지만, 주님을 위한 우리의 수고는 영원을 위한 열매를 맺습니다. 예수님이 재림하실 때, 우리는 상을 받을 것이고, 우리는 여기서 우리가 수고하는 가운데 그 상을 고대해야 합니다. 이 상은 우리에게 오늘날 달려갈 수 있는, 나아갈 수 있는 동기를 부여할 것입니다.[118] 예수님의 재림은 하나님의 백성의 마음을 정결하게 합니다. 그리고 굳건하게 합니다. 우리가 계속해서 하나님의 영광을 바라보며 그 길을 걸어갈 때, 하나님께서 우리를 굳건한 믿음으로 나아가게 하기 위해 이 교리를 사용해주시기를 간절히 바랍니다.

우리가 살아가는 이 땅에서의 모든 시간은
마치 이스라엘 백성들의 광야의 여정과 같습니다.

끊임없는 우리의 죄악 됨과 불순종에도 불구하고 우리에게 임한 하나님의 구원이 신실하시기에 하나님은 '그럼에도 불구하고' 우리를 약속의 땅 '가나안'으로 끝내 인도하십니다.

이미 임한 구원으로 아직 발을 딛지 못한 그 땅을 소망하며 힘차게 나아가십시오. 지금 우리의 삶이 비록 불안하고 흔들린다고 할지라도 우리를 구원하시기로 계획하신 분이 하나님이시기에 우리가 마주하는 불안하고 연약한 모든 삶도

---

118) 존 프레임, pp. 1104-1105.

결국 약속의 땅을 향하는 과정이 됩니다. 이보다 놀라운 은혜가 어디 있습니까? 하나님은 찬양받기에 합당한 분이십니다. 우리가 그분께 찬양을 올려 드림은 마땅한 일입니다. 우리의 평생에 하나님을 향한 찬송이 가득하길, 찬송만이 가득하길 소망합니다.

"하나님께 찬송을!"(Laus Deo!)[119]

---

119) 칼빈의 기독교강요는 찬송으로 끝이 납니다. 모든 일을 찬송으로 마침이 합당한 일입니다. 찬송은 우리를 지으신 하나님의 영원한 뜻입니다. 칼빈은 다음과 같이 말했습니다: "교회는 복음이 전해지는 곳이다; 복음은 복된 소식이다; 복된 소식은 사람들을 행복하게 한다; 행복한 사람은 찬송한다.".

[학습 문제]

(1) 예수님은 어떻게 재림하십니까?

(2) 중간 상태는 최종상태입니까? 아니라면 그 이유는 무엇입니까?

(3) 성도에게 정죄의 두려움이 없는 이유는 무엇입니까?

(4) 영원한 상태에 이른 인간은 대부분의 시간을 어떤 시간으로 보내게 됩니까?

(5) '이미'와 '아직'사이의 긴장 교리가 우리에게 주는 유익이 무엇입니까?

[기록과 나눔]

_ 새롭게 알게 된 것

_ 결단 할 것

■ 참고 문헌

김지호, 개혁교의학 (I), 칼빈대학교 출판부, 2006.

김지호, 개혁교의학 (III), 칼빈대학교 출판부, 2006.

라은성, 이것이 기독교강요다 지도자용, PTL(페텔), 2016.

라은성, 이것이 개혁신앙이다, PTL(페텔), 2017.

신원균, 질문하는 십대, 대답하는 개혁신학, 디다스코, 2018.

앤서니 후크마, 개혁주의 구원론, 이용중 역, 부흥과개혁사, 2012.

앤서니 후크마, 개혁주의 종말론, 이용중 역, 부흥과개혁사, 2012.

D. M. 로이드 존스, 성부 하나님 성자 하나님, 강철성 역, 기독교문서선교회, 2000.

루이스 벌코프, 벌코프 조직신학, 이상원, 권수경 역, CH북스, 2001.

웨인 그루뎀, 꼭 알아야 할 기독교 핵심 진리 20, 이용중 역, 부흥과개혁사, 2006.

웨인 그루뎀, 웨인그루뎀의 조직신학 하, 노진준 역, 은성, 1997.

존 프레임, 존 프레임의 조직신학, 김진운 역, 부흥과개혁사, 2017.

G. I. 윌리엄슨, 소교리 문답 강해, 최덕성 역, 개혁주의 출판사, 1978.

헤르만 바빙크, 개혁교의학 3, 박태현 역, 부흥과개혁사, 2011.